创未来
——创新创业基础

宫 珂 胡 荣 主编
王新春 刘乃超 赵春雨 副主编

清华大学出版社
北京

内 容 简 介

本书以创新型人才培养为主线，以提高学生创新创业能力为目标，采用实用的知识和丰富的案例，对大学生如何走好创新创业之路做了详细的介绍。本书内容分为八个项目，分别是认知创新创业、创新思维和创新方法训练、创业者自我评估及创业团队组建、识别与评价创业机会、整合创业资源与融资、设计商业模式、投身创新创业大赛、新创企业的开办与管理。

本书采用活页体例结构设计，每个项目均由项目导入、学习目标、创客先锋、学习加油站、启智润心、创业导师点拨、实践课堂、课堂讨论、项目考核评价、复盘反思、课后思考题、书香致远等板块组成。不仅知识讲解全面，还提供了大量实践任务和现实生活中的典型案例，将创新创业种子深植大学生心中，引导大学生树立正确的创新创业意识，鼓励其积极探索未知领域，不断增强创新创业的能力，最终实现综合素养的提升。

本书是山东省职业教育在线精品课程"创新创业基础"配套教材，包含丰富的数字资源，以帮助学习者更高效地学习。

本书既可以作为高等职业院校、五年制高职、应用型本科创新创业课程的通识教材，也可以供有志于创业的社会人士学习参考。

本书封面贴有清华大学出版社防伪标签，无标签者不得销售。
版权所有，侵权必究。举报：010-62782989，beiqinquan@tup.tsinghua.edu.cn。

图书在版编目（CIP）数据

创未来：创新创业基础/宫珂，胡荣主编．—北京：清华大学出版社，2024.2
ISBN 978-7-302-65446-9

Ⅰ．①创…　Ⅱ．①宫…②胡…　Ⅲ．①创业—教材　Ⅳ．① F241.4

中国国家版本馆 CIP 数据核字（2024）第 036428 号

责任编辑：张　弛
封面设计：刘　键
责任校对：袁　芳
责任印制：杨　艳

出版发行：清华大学出版社
　　　　　网　　址：https://www.tup.com.cn，https://www.wqxuetang.com
　　　　　地　　址：北京清华大学学研大厦 A 座　　　邮　编：100084
　　　　　社 总 机：010-83470000　　　　　　　　　邮　购：010-62786544
　　　　　投稿与读者服务：010-62776969，c-service@tup.tsinghua.edu.cn
　　　　　质量反馈：010-62772015，zhiliang@tup.tsinghua.edu.cn
　　　　　课件下载：https://www.tup.com.cn，010-83470410
印 装 者：三河市铭诚印务有限公司
经　　销：全国新华书店
开　　本：185mm×260mm　　　印　张：12　　　字　数：251 千字
版　　次：2024 年 3 月第 1 版　　　　　　　　　印　次：2024 年 3 月第 1 次印刷
定　　价：49.90 元

产品编号：099832-01

前　言

创新是社会进步的灵魂，创业是推动经济社会发展、改善民生的重要途径。深化高等学校创新创业教育改革，是国家实施创新驱动发展战略、促进经济提质增效升级的迫切需要，是推进高等教育综合改革、促进高校毕业生更高质量创业就业的重要举措。党的十八大对创新创业人才培养作出重要部署，国务院对加强创新创业教育也提出明确要求。例如，2021年发布的《国务院办公厅关于进一步支持大学生创新创业的指导意见》要求坚持创新引领创业、创业带动就业，支持在校大学生提升创新创业能力，支持高校毕业生创业就业，提升人力资源素质，促进大学生全面发展，实现大学生更加充分更高质量就业。

党的二十大报告强调，"深入实施科教兴国战略、人才强国战略、创新驱动发展战略""培育创新文化，弘扬科学家精神，涵养优良学风，营造创新氛围。"青年学生富有想象力和创造力，是创新创业的生力军，开展好面向青年学生的"双创"教育，助力其全面融入创新创业实践具有重要意义。

本书在系统地把握高等职业院校人才培养方案和课程建设目标与要求的基础上，贯彻教育部关于大学生创新创业教育的最新精神，立足高职学生实际，以传授创新创业知识为基础、以锻炼创新创业能力为关键、以培养创新创业精神为核心，注重引导和启发，使大学生顺利走上自我发展之路。本书在注重理论知识系统性的基础上，更加突出实践性。其特色主要有以下几个方面。

第一，内容紧贴实际，与时俱进。本书内容聚焦到党的十九大以来的重大成就和新时代10年的伟大变革上，聚焦到贯彻落实党的二十大作出的重大决策部署上，如推动绿色低碳转型发展、实施文化赋能行动、扎实推进乡村振兴等。

第二，发挥"校企双元"育人功能，遵循理论与实践并重原则。按照双元校企共建的思路，围绕创业者分析、创新创业典型任务分析、教学模块设计这几大关键问题，邀请山东智谷投资管理有限公司、慧科教育科技集团等优秀企业的负责人及经验丰富的创业导师，共同进行交流和研讨，在充分调研和吸收校企双方意见和建议后，通过项目驱动的方式重构知识体系，以项目化形式编写教材内容，既注重理论知识输入，也注重创业意识、心理、能力等综合素质培养，使学生知识环更加紧密、连贯，同时更注重实践能力培养，帮助学生更好地实现学以致用。

第三，采用新型活页式设计，新颖实用。本书既具备传统教材的内在逻辑，又具备活页式的外在结构，紧跟国家对教材改革的方向和要求。本书每个项目任务分为学习加油站、实践课堂和复盘反思三个部分。这三大部分中的每一个部分都可以自由组合：学习加油站组合在一起就是一本理论指导书；实践课堂组合在一起就是实训手册;复盘反思组合在一起就是学习笔记。此外,教师可以根据国家政策的调整变化、教育部最新指示或者实际教学需要,自由取出或加入新的内容。总之,活页装订的形式让教师教学、学生学习变得更灵活和个性化。

第四,落实立德树人根本任务。牢固树立先进的教育理念,每个项目都包含了创客先锋、启智润心等板块,充分地将立德树人贯穿整本教材,培养社会适应力、创造力、团体意识、创新精神、执行力、组织力等多方能力兼具的创新创业型人才。

第五,案例及配套数字资源丰富。每个项目开头的"创客先锋"均讲述身边的毕业生或青年人真实的创业故事,拉近创业者与学生的距离,用学生喜闻乐见的方式呈现创业故事或案例,引发共鸣。此外,本书是山东省职业教育在线精品课程"创新创业基础"的配套教材,每个任务可以扫码学习相应的微课,还可以获取不断更新的数字化资源。通过指定的学习平台,师生、生生之间还能进行互动交流,促进学习者更高效地学习。

本书由济南职业学院官珂主持开发、确立教材体例和项目内容,由官珂、胡荣主编,官珂负责修改和统稿工作。本书具体编写分工如下:项目一由济南职业学院胡荣编写,项目二、项目五、项目六由济南职业学院官珂编写,项目三由济南职业学院王新春编写,项目四由慧科教育科技集团创业导师邱雪梅编写,项目七由山东政法学院刘乃超编写,项目八由山东智谷投资管理有限公司创始人赵春雨编写。

本书在编写过程中引用了诸多国内外相关教材、案例及网络素材,在此谨向被参考和引用文献的相关作者们表示诚挚的谢意。

由于编者水平有限,书中难免存在疏漏之处,敬请广大读者不吝赐教,给予批评、指正。

编　者
2023 年 11 月

教学课件

参考教案

目 录

项目一 开启创新创业大门——认知创新创业 ………………………… 1
  任务一 认识"创新" ……………………………………………… 2
  任务二 认识"创业" ……………………………………………… 8
  任务三 大学生创业形势分析 …………………………………… 15

项目二 想到才能做到——创新思维和创新方法训练 ……………… 21
  任务一 突破思维定势 …………………………………………… 23
  任务二 认识创新思维 …………………………………………… 27
  任务三 掌握常见的创新思维方法与工具 ……………………… 34
  任务四 掌握常见的创新方法 …………………………………… 42

项目三 众人拾柴火焰高——创业者自我评估及创业团队组建 ……… 53
  任务一 创业者的自我评价 ……………………………………… 55
  任务二 认识创业团队与团队精神 ……………………………… 64
  任务三 创业团队的组建与管理 ………………………………… 69

项目四 慧眼识商机——识别与评价创业机会 ……………………… 81
  任务一 认识创业机会 …………………………………………… 83
  任务二 搜寻和识别创业机会 …………………………………… 86
  任务三 评价创业机会 …………………………………………… 94

项目五 创业何须"万事俱备"——整合创业资源与融资 ………… 101
  任务一 识别创业资源 …………………………………………… 103
  任务二 获取与整合创业资源 …………………………………… 107

　　　　任务三　筹措创业资金 114

项目六　你的企业如何赚钱——设计商业模式 123
　　　　任务一　认识商业模式 125
　　　　任务二　绘制商业模式画布 130

项目七　不打无准备之仗——投身创新创业大赛 139
　　　　任务一　认识大学生创新创业大赛 141
　　　　任务二　商业计划书的撰写 145
　　　　任务三　创业项目的路演及答辩 150

项目八　开业大吉——新创企业的开办与管理 159
　　　　任务一　开办企业前的准备 161
　　　　任务二　开办企业的流程 165
　　　　任务三　新创企业的管理 170
　　　　任务四　新创企业风险识别及防范 178

参考文献 183

项目一
开启创新创业大门——认知创新创业

项目导入

纵观历史发展，社会的每一次深刻变革都离不开创新的推动。党的二十大报告中，"创新"共出现55次，涉及政治、经济、文化、教育等方方面面。其中第五部分"实施科教兴国战略，强化现代化建设人才支撑"中，提及创新达21次。可以说，"创新"已经成为当今时代的主旋律、最强音。习近平总书记指出，"必须坚持科技是第一生产力、人才是第一资源、创新是第一动力，深入实施科教兴国战略、人才强国战略、创新驱动发展战略"。

本项目将带领大家认识什么是创新和创业，并对大学生创业形势进行综合分析。

学习目标

知识目标：

1. 理解什么是创新和创业，厘清二者的关系；
2. 了解创新、创业的分类；
3. 掌握蒂蒙斯的创业要素模型的基本内容；
4. 了解大学生创业现状，认识到在创业过程中大学生可能会面临的典型问题。

能力目标：

1. 能够运用蒂蒙斯的创业要素模型解释某个创业活动；
2. 能够根据自己的实际情况，选择适合自己的创业类型；
3. 能够全面客观分析大学生的创业环境及自身的优劣势，对未来的创业之路做出合理规划。

素质目标：

1. 具有主动适应新时代中国特色社会主义发展要求的意识，能够坚定不移地贯彻新发展理念，明确"创新是引领发展的第一动力"；
2. 激发创新创业的意识，弘扬企业家精神。

创客先锋

青衿之志，履践致远

朱慎法是济南职业学院创业学院2020级的学生，他阳光乐观，积极进取，专业成绩优异，先后获山东省政府奖学金、"中国大学生自强之星""齐鲁工匠后备人才""山东省优秀毕业生"等荣誉称号。他还曾担任创业学院创新创业工作部负责人，积极参与校内外的各类创新创业活动，并取得了一系列国家及省级荣誉奖项，成为学校有名的"创业明星"。

2021年，朱慎法在学校的帮扶下先后创办了济南天顺信息科技有限公司、山东顺合机器人科技有限公司。此后作为团队负责人，他经常活跃在各类双创大赛中。他坦言："进入大学后我参加的第一个比赛就是'互联网+'，现在想起来团队并肩奋战场景依然历历在目。从4月校赛到7月省赛再到10月国赛，我们累并快乐着。因为比赛，我们还经历了很多人生的第一次：第一次穿正装、第一次做心理疏导、第一次通宵改文件、第一次见到副总理，在刚满20岁的年龄有幸经历了人生的高光时刻！"星光不负赶路人，最终朱慎法团队获得了第七届中国国际"互联网+"大学生创新创业大赛全国总决赛金奖，后来又在山东省科技创新大赛、"挑战杯"创业计划竞赛中分别获得一等奖和金奖。

2022年年底朱慎法前往上海，成为国家工业和信息化部认证创业辅导师。作为主要负责人对接上海市院校指导站评估评审项目，与市就业促进中心领导走访多所高校开展创业指导站评估评审工作；并每周面向在校大学生开展"创业意识与创业技巧"课程。此外，他还报考了上海交通大学的自考本科，进一步提升学历。他还有一个心愿就是去四川大凉山支教，希望可以为社会做更多有意义的事情，用微光照亮身边的人。

朱慎法在朋友圈里曾写过这么一句话："创新创业永远在青春路上。就算步伐很小，也要步步前进。"有积极向上的创业态度、有深厚淳朴的反哺理念，相信朱慎法的未来一定会更精彩！

思考： 结合上述案例，谈一谈创新创业教育对大学生自身的发展和社会的进步有哪些重要意义。

任务一　认识"创新"

1.1　创新无处不在

一、创新的内涵

我国最早的百科词典《广雅》中说："创,始也。"创新一词出现得很早,如《魏书》

中有"革弊创新",《周书》中有"创新改旧"。《现代汉语词典》中关于创新的解释是:"抛开旧的,创造新的。"

在西方,英语中 Innovation(创新)这个词起源于拉丁语,具有三层含义:一是独立创造,创造出新的、从没有过的事物;二是更新,摒弃旧的事物和方法,接受新的事物和方法;三是改变,将旧事物进行改造,使之与之前不一样。

美国经济学家熊彼特在1912年出版的《经济发展概论》中首次将"创新"一词引入经济领域。该书中的"创新"一词是指把一种新的生产要素和生产条件重新组合后引入生产体系,即"建立一种新的生产函数"。熊彼特提出,创新包含了产品、生产、市场、资源和组织五方面的内容,如图1-1所示。

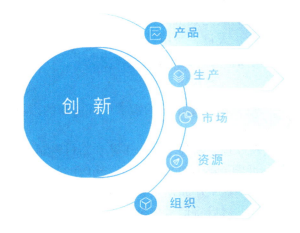

图1-1 创新在经济领域包含的内容

1985年,彼得·德鲁克发展了创新理论。他提出,任何使现有资源的财富创造潜力发生改变的行为,都可以成为创新。德鲁克主张,创新不仅仅是创造,而且并不一定是技术上的。一项创新的考验,并不在于它的新奇性、它的科学内涵或它的小聪明,而在于推出市场后的成功程度,也就是能否为大众创造出新的价值。

现在普遍这样来定义"创新":人们为了发展的需要,运用已知的信息,不断突破常规,发现或产生某种新颖独特的有社会价值或个人价值的新事物、新思想的活动。创新的本质是突破,即突破旧的思维定式、旧的常规戒律。创新活动的核心是"新"。

启智润心

党的十八大以来,党中央深入推进实施创新驱动发展战略,我国的创新发展取得了突破性的成就,科技发展格局出现重大变化,创新对促进经济稳中向好、加快新旧动能转换、扩大就业等发挥了关键作用。"神舟"问天、"嫦娥"揽月、"祝融"探火、"天宫"遨游星河,我们一次次向宇宙深处进发,将梦想变为现实;凝聚态物理、纳米材料等一批重要前沿方向研究进入世界第一方阵,"中国天眼""人造太阳"等国际领先的重大科技基础设施成为科研利器,中国人在科研无人区勇做"探险家";5G、高铁点亮美好生活,42款新冠疫苗进入临床试验,灭活疫苗等9款疫苗获批附条件上市或紧急使用,多款国产新冠治疗药物获批上市,科技为人类构筑起抗疫"防火墙"。

二、创新的类型

1. 思维创新

思维创新是指创造性地解决问题的思维活动过程,它是一切创新活动的前提。通过思维创新,能够帮助人们从更丰富的视角去审视存在的问题,突破常规思路在时间、效率、人员、费用及质量等方面上的不足和限制,提出行之有效又新颖独特的解决方案。

1.2 创新有哪些类型?

2. 产品创新

产品创新就是通过改善或创造产品,进一步满足用户的需求或开辟新的市场。产品创新可以在3个层面上实现。

(1)开发出具有新功能的产品。运用新原理、新技术、新工艺和新材料制造的新产品或对已有产品进行改造。1968年,世界上第一个鼠标问世。当时的鼠标是一个小木头盒子,拖着长长的连线,酷似老鼠,其工作原理是它底部的小球带动枢轴转动,继而改变变阻器的阻值产生位移信号,然后将信号传至主机。这个新产品的发明,代替原本键盘烦琐的指令,计算机的操作更加简便了。

(2)产品结构方面的改进。以最低的总成本可靠地实现产品的必要功能、主要功能和次要功能,去掉不必要的过剩功能,减少不必要的材料消耗,在保证产品质量的前提下,尽量缩小体积,减轻重量,降低单位产品材料消耗量。例如,微型单反相机可以提供和单反相机同样的画质,但在体积上更加小巧、便携。

(3)外观方面的改进。随着消费者审美水平的提升,产品的外观设计越来越受到重视。例如,不少小家电品牌除了注重开发实用功能外,还在外观设计上融入时尚化、个性化,深受年轻消费者的喜爱。

3. 技术创新

技术创新是指生产和传输某种新产品或服务的新方式,如对产品的加工过程、工艺路线、设备、生产规则体系等所进行的创新。企业可以通过研究和运用新的生产方式、方法和规则体系等实现技术创新,以提高企业的生产技术水平、产品质量和生产效率。技术创新可以在4个层面上实现。

(1)工艺路线的革新,这是生产方式思路的改变。例如,用精密铸造、精密锻造、粉末冶金代替金属切削生产复杂的机械零件,可以大大缩短生产周期,降低成本。

(2)材料替代和重组。例如,义乌的"双童"致力于节能降耗建设研发出了绿色环保的聚乳酸(PLA)生物质可降解吸管。

（3）工艺装备的革新。例如，用电脑绣花机替代手工绣花；用数控机床代替手动操作机床。

（4）操作方法的革新。用更省力、更高效的操作方法，代替一些不适应现代技术进步的操作方法。例如，机器人走入了越来越多的工作和生活场景中：医疗机器人可以进行精密的微创手术，农业机器人可以在田间进行除草和农作物采收，建筑机器人可以进行测量、清扫、抹光、打磨等工作。

4. 服务创新

服务创新主要是指新的设想、新的技术手段转变成新的或者改进的服务方式。通过服务创新能够使用户或潜在用户感受到不同于从前的崭新内容。例如，顺丰以速度快、安全性能高著称，不仅能够提供配送端的高质量物流服务，还能围绕客户产业链上下游延伸，为客户提供贯穿生产、流通、销售、售后的一体化供应链解决方案。

5. 制度创新

制度创新的核心内容是社会政治、经济和管理等制度的革新，这里着重讨论现代企业的制度创新。所谓企业制度创新，是为了实现管理目的，将企业的生产方式、经营方式、分配方式、经营观念等规范化设计与安排的创新活动，也可以称为企业制度再造。例如，从一个冰箱制造小厂，到如今跻身《财富》世界500强，海尔的成功很大程度上归功于企业制度创新模式。

6. 商业模式创新

商业模式创新是指一种新的整合逻辑，即公司如何为其客户或用户创造价值并从中获取价值的新方式。商业模式创新被普遍认为是竞争优势的关键来源。例如，苹果的iPod+iTunes商业模式颠覆了传统音乐产业；依靠创造性直销模式，戴尔连续10年间表现优于对手；亚马逊公司的生态系统为客户提供了更多的选择，并能加快创新。

启智润心

不日新者必日退。唯创新者强，唯创新者胜。青年是最具创新热情、最具创新动力的群体。广大青年，特别是大学生应走在创新创业前列，应始终保持革故鼎新、一往无前的勇气，始终保有善于变革、敢于创新的锐气，激扬"闯"的精神、"创"的劲头、"干"的作风，靠拼搏让理想升华，靠奋斗让人生出彩，靠创新让青春闪光。

三、创新的特征

（一）人人可创新

创新不分年龄大小、生理是否有缺陷，也不分智商高低，更没什么内外行、条件好坏之分。人们在实际生活中常常因为自身条件不足而认为无法创新，以下是常见误区。

（1）太年轻或太年长，不适合创新。创新与年龄没有直接关系。很多中学生、大学生拥有聪明智慧与创造力，他们利用课余时间会去做一些小发明等，有不少人还成功申请了专利。此外，还有一些人是大器晚成，在晚年才做成了一番创新事业。如"肯德基爷爷"——桑德斯上校。他在退役之后经历了无数次的创业失败，最终在65岁的时候创建了世界第一快餐连锁品牌——肯德基，将炸鸡推向全世界。

（2）生理残疾，无法创新。即便是生理残疾的人，也可以做出创新成果。如刘鑫是南昌航空大学的学生，由于出生时缺氧导致脑瘫，但他并未因此认命，自初中起就开始进行力量训练。如今刘鑫不仅考上大学，而且能独立行走、骑车等。并且他还很有爱心，为了帮助更多残疾人，他曾发明过一款自动爬楼轮椅，还获得国家发明专利。

（3）智商或学历不高，难以创新。一些智商或学历不突出的人，虽然知识储备没有那么丰富，但是他们不受思维定势的禁锢，更能灵活地解决问题，进行创新。

（二）时时可创新

创新本身不受时间和空间的限制，或许是一次闲谈、逛街，还或许是一场梦境或一则新闻报道……只要保持轻松开放的心态，创意随时可能到来。

（三）处处可创新

任何事物都不是完美的，都有一定的提升空间。在以人为本的前提下，对事物进行改进和完善也可以算作创新。因此，只要善于发现和思考，生活中处处可创新。

创业导师点拨

很多人提到创新就认为是"技术创新"，虽然这确实是创新的一个重要领域，但通过学习，我们意识到了创新的类型很多，涵盖社会的方方面面。创新不单单是高学历人才、技术人员、工程师、科学家的事，和我们每个人都息息相关，在日常的学习、工作和生活中每个人都能够冲破传统的观念和思维方式，用开放的心态进行创新，创新没有那么高深莫测，让我们从微小的改变开始。

实践课堂

调查企业创新活动

选取国内具有代表性的一家企业，调查其开展创新活动的情况，并将收集和整理的信息填入下方表格中。通过调查企业创新活动，掌握创新的类型，了解国内企业创新发展现状。

企业名称		主营业务	
成立时间		创新类型	
创新活动的内容			
创新活动的成果			
启发			

任务二　认识"创业"

1.3 创业不等于创办企业

学习加油站

一、创业的内涵

创业活动伴随人类的整个文明史，对人类社会的维系与发展贡献了巨大的价值。汉语的创业一词最早出现于《孟子·惠王下》："君子创业垂统，为可继也。"这里的"创业"的意思是开创基业。诸葛亮的《出师表》中"先帝创业未半，而中道崩殂"也是此意。随着时间的推移，创业开始专指在商业领域创立事业。《史记》中司马迁的《货殖列传》专门记叙了从事"货殖"活动的杰出人物的故事，"货殖"便是经商营利。可见在当时，商业活动已经十分繁荣，很多人已经成了专职的商业"创业者"。

"创业教育之父"杰弗里·蒂蒙斯在《创业学》中提出"创业是一种思考、品行素质、杰出才干的行为方式，（创业者）需要在方法上全盘考虑并拥有和谐的领导能力"。哈佛大学教授霍华德·斯蒂文森将创业表述为"在不拘于资源约束的前提下，追逐机会并创造价值的过程"。

从范围上讲，创业的概念有广义和狭义之分。广义的创业是指开创事业，它包括了具有开拓性和创新性特征的、能够增进经济价值或社会价值的活动。狭义的创业是指创业者（或者创业团队）对自己拥有的资源或通过努力能拥有的资源进行优化整合，发现和识别商业机会，成立活动组织，创造出产品和服务，从而创造出更大经济价值或社会价值的过程。

创业导师点拨

创业不仅是一种行为，更是一种思维方式和人生态度。无论是创办新企业、企业内创业，还是在工作岗位上创造性地发挥自己的聪明才智，通过发现机会、整合资源实现自己的价值和抱负都可以称为创业。

二、创业的要素

创业要素就是创业活动所必须具有的组成部分。创业者可以通过改善这些要素的组合来提高创业成功的可能性。

商机、创业团队、资源对于创业成功有不可或缺的影响，"创业教育之父"蒂蒙斯教授指出三者的有效搭配对创业成功具有极大的促进作用，图1-2是其提出的创业要素模型。

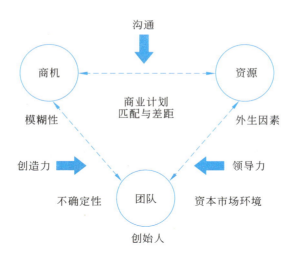

图 1-2　创业要素模型

（一）商机

商机是创业者开创事业的基础。唯有找准商机，把握创业时机，找到下一个创业的大风口，才能更充分地发挥优秀团队和完美商业模式的作用，最终取得成功。商机的重要性不言而喻。商机只有与市场环境和商业模式结合起来才能发挥其最大价值，商机是构成商业模式的重要一环。

（二）团队

人才是创业的核心。在创业过程中，由各种人才组成的创业团队决定创业的成功或失败。

创业团队不需要每个人都是全才，但是每个人要拥有自己的专长和技能，并善于协作。创业团队必须能够在动态变化的环境中不断纠正航向，寻找正确的方向；在面临困难之时勇于面对，在遇到失败时学会成长，积累创业经验，降低创业失败的风险。

（三）资源

资源是创业活动的支撑要素，这里的资源包括资金、设备和场地等。资源固然很重要，但是，创业者也要警惕过分强调资源的作用。一个普遍存在的错误观念是必须所有的资源都到位，才能开展创业活动，这样的观念容易让创业者错失良机。创业企业应着眼于设计创意精巧、用资谨慎的战略，最小化使用并控制资源，而不是贪图完全拥有资源。

无论是商机、资源还是创业团队，没有优劣之分，并且这 3 种要素并非一成不变。创业者必须对这 3 种要素做出最适当的搭配，并且能够随着创业活动的开展进行相应的动态调整。

课堂讨论

创意、创造、发明、创新、创业几个有些相似的概念,它们有哪些区别与联系?

1.4 创意、创新、创造、发明、创业的区别与联系

三、创业的主要阶段

创业过程是由包括创业者从产生创业想法到创建新企业或开创新事业并获取回报,涉及识别机会、组建团队、寻求融资等一系列活动。

(一)第一个阶段:产生创业动机

产生创业动机是创业机会识别的前提。创业动机取决于创业者的行业选择、目标定位等具体取向,内源于个体的心智与教育成长环境,是个体在综合自我、环境、价值、目标、期望等诸多因素之后所形成的内在动力,并推动创业者去发现和识别市场机会。

(二)第二个阶段:识别创业机会

识别创业机会是创业过程的核心环节。创业者在这个阶段一般要澄清4个基本问题。

(1)机会何来?创业者应该找到创业机会的来源在哪里。
(2)受何影响?创业者应该找到影响创业机会的相关因素。
(3)有何价值?创业者应该找到创业机会所具有的并能被评价的价值。
(4)如何实现?创业者应该明了能通过什么形式或途径使机会变成实际价值。

(三)第三个阶段:整合有效资源

整合有效资源是创业者开发机会的重要手段。创业初期,为了解决生存问题,创业者一般都会把主要精力放在组建团队以及资源的获取上。同时还需要制订详细的创业计划,以此向潜在的资源提供者陈述或展示,以获得更多资源的支持。

(四)第四个阶段:创办新企业

创办新企业是创业者的创业行为最直接的体现。创办新企业包括公司制度设计、企业注册、经营地址的选择、确定进入市场的途径,以及选择完全新建企业还是采取加盟或收购现有企业等。

(五)第五个阶段:新企业生存和成长

企业创立初期的首要目标是生存。企业要在经营管理上多下功夫,如企业营销策略、组织调整、财务稳健管理等方面,同时在品牌、企业文化等方面形成竞争优势。

四、创业的分类

从不同角度，根据不同的标准创业可以分成不同类别。

（一）按创业动机分类

根据创业动机不同，创业可分为就业型创业和机会型创业。

1. 就业型创业

就业型创业是指为了谋生走上创业之路。这类创业是在现有的市场上寻找创业机会，并没有创造新需求，大多属于尾随型和模仿型。改革开放初期，很多人文化水平不高，为了生计选择创业，从不起眼的行当干起，最终也成就一番事业。例如，老干妈创始人陶华碧出生在偏僻的山村，没有什么文化。为了养家糊口开了一家小饭店，后来专注于辣椒酱的生产和加工，并创立了食品公司，产品热销全国并出口百余国家和地区。通过多年的艰苦创业，企业已经发展成为国家级农业产业化经营重点龙头企业。

2. 机会型创业

机会型创业是指创业的出发点并非谋生，而是为了抓住、利用市场机遇。它以市场机会为目标，能创造出新的需求，或者满足潜在的需求。因而机会型创业能更好地带动新产业的发展，推动社会进步。例如，腾讯、百度、阿里巴巴、新东方、携程、饿了么等都是机会型创业的典范。如今，越来越多有创业意愿、创业能力的大学生开展的就是机会型创业。

（二）按创业者数量分类

根据创业者数量不同，创业可分为独立创业和合伙创业。

1. 独立创业

独立创业是指创业者独立创办自己的企业。其特点在于产权是创业者个人独有的，企业由创业者自由掌控，一个人说了算，有利于减少不必要的意见和分歧，决策迅速。但创业者筹措创业资源有一定困难，还受个人才能的限制。另外，独立创业抗风险能力比较差。

2. 合伙创业

合伙创业是指与他人共同创办企业。其优劣势与独立创业相反，你可以与合伙人一起出谋划策，大大降低创业的盲目性和随意性，筹集资金方面也相对容易一些，并且有人与你共同承担风险。但随着企业的成长，也很可能会产生一些诸如企业发展规划、分配原则等方面的分歧。权力多头、决策层级多、响应速度慢等合伙创业带来的问题，也会制约企业的发展。

课堂讨论

如果你打算创业，你会选择单干还是合伙？

创业导师点拨

选择哪种创业方式，需要具体问题具体分析。决定创业前，你需要进行理智分析：你想做什么项目，面对的市场是什么样子的，这个项目打算在以后发展到什么程度，你能投入多少资源和精力，你打算以什么样的商业模式来运作。

独立创业和合伙创业各有其优缺点，可以根据具体的实际情况以及投资创业的成本支出来选择。独立创业适合一些规模比较小、运作比较简单的生意类型。这类生意没有过多的资源以及独立技能要求，只要创业者能吃苦、有耐性，养活自己基本不成问题。合伙创业和独立创业相比，适合层次较高的、市场风险较大、投入资金较多的项目。通过团队之间的配合以及互补，是能够将这种单人无法运作的项目带动起来的。

无论哪种创业类型，最重要的是要有好的运营模式和强大的心理预期。

（三）按创业项目性质分类

根据创业项目的性质不同，创业可分为传统技能型创业、高新技术型创业和知识服务型创业。

1. 传统技能型创业

传统技能型创业是指使用传统技术、工艺的创业项目。这些创业活动存在于人们日常生活紧密相关的行业中，独特的传统技能项目表现出了经久不衰的竞争力，许多现代技术都无法与之竞争。例如，馒头是人们日常生活中最常见不过的主食，可谁又能想到就是这看似不起眼的主食却蕴藏着无限商机？2015年，云南滇池学院的大学生罗三长创立了自己的红糖馒头品牌，经过多年的发展，已经拥有了上百家加盟店，推广的省市也在逐步扩大。

码上学习——
罗三长的红糖馒头：会"开花"的创业梦

启智润心

餐饮是个万亿级的传统产业，随着中国消费水平的升级，有品牌思维、互联网思维的餐饮企业会有更广阔的市场。罗三长的馒头不仅有独家工艺，而且他善于进行品牌包装运营，用互联网产品思维和工匠精神打造了一个"有温度"的馒头。2017年罗三长带着他的红糖馒头，一路过关斩将，获得了全国"互联网+"大学生创新创业大赛金奖和最佳带动就业奖。这也足以证明只要永葆创新，紧随市场需求，传统技能型创业也具备持久的生命力。

码上学习——
老手艺蒸出致富路，花饽饽变"金饽饽"

课堂讨论

你的家乡有什么特色？可以发展哪些传统技能型的创业项目？

2. 高新技术型创业

高新技术型创业是指知识密集度高，带有前沿性、研究开发性质的新技术、新产品项目。这种创业活动的特点可以用六个"高"概括：高门槛、高投入、高速度、高成长、高风险、高回报。例如，华熙生物、柔宇科技、科大讯飞、字节跳动这些当初的创业企业，都是凭借技术创新形成了自身的核心竞争力，走到了行业前沿。

3. 知识服务型创业

知识服务型创业是指为人们提供知识、信息的创业项目。当今社会信息量越来越大，知识更新越来越快，各类知识性咨询服务的机构将不断细化和增加，如广告公司、会计事务所、律师事务所、设计公司、管理咨询公司、教育机构、艺术工作室等。这类项目投资少、见效快，很适合大学生进行专创融合。

（四）按创业方向或风险分类

根据创业方向或风险，创业可分为依附型创业、尾随型创业、独创型创业和对抗型创业。

1. 依附型创业

依附型创业可分为两种情况：一是依附于大企业或产业链而生存，为大企业提供配套服务。例如，专门为某个或某类企业生产零配件，或生产、印刷包装材料。二是特许经营权的使用。授权人将其商号、商标、服务标志、商业秘密等在一定条件下许可给经营者，允许他在一定区域内从事与授权人相同的经营业务。例如，便利店、食品零售、教育、培训等。

2. 尾随型创业

尾随型创业即模仿他人创业，"学着别人做"。其特点：一是短期内只求能维持下去，随着学习的成熟，再逐步进入强者行列；二是在市场上拾遗补阙，不求独家承揽全部业务，只求在市场上分得一杯羹。

3. 独创型创业

独创型创业是指提供的产品或服务能够填补市场空白。大到商品独创性，小到商品的某种技术的独创性。独创产品是指具有非同一般的生产工艺、配方、原料、核心技术，又有长期市场需求的产品。鉴于独占性原则，掌握它的企业将获得相当高的利润。例如家传秘方、技术壁垒很高的产品。例如，2006年还在香港科技大学读书的汪滔，创办了大疆创新科技有限公司，一直以来在消费级无人机领域充当着"领跑者"的角色。

码上学习——
在无人机行业内没有竞争者，大疆凭什么？

4. 对抗型创业

对抗型创业是指进入其他企业已形成垄断地位的某个市场，与之对抗较量。这类创业风险最高，必须在知己知彼、科学决策的前提下，抓住市场机遇，乘势而上，把自己的优势发挥到淋漓尽致。例如，"后起之秀"拼多多当年上线后，与其他各大电商平台展开了激烈的竞争，仅用两年多的时间就成为与淘宝、京东并列的第三大电商平台。

 实践课堂

创业者访谈

观察并思考身边的创新与创业的现象，深刻理解创新创业带给人的积极意义和无形压力，学会辩证认识创新和创业的关系。通过与创业者对话，学习他们的创业精神，增强创业意识及沟通能力。

走访身边或熟悉的创业者，深入了解他的创业经历，并围绕以下几方面记录调研过程。

1. 描述创业者的基本情况，如姓名、年龄、学历、经历等，探寻他的创业动机。

_____
_____
_____
_____
_____
_____
_____

2. 介绍创业者所从事的创业项目，如所处行业、成立时间、服务对象、经营状况、发展前景等。

_____
_____
_____
_____
_____
_____
_____

3. 总结创业者有哪些值得你学习之处，还有哪些不足需要完善。

_____
_____
_____
_____
_____
_____
_____

任务三　大学生创业形势分析

1.5 大学生创业有哪些途径？

大学生创业的成败不仅受制于大学生自身的素质、条件，还受到内外部环境与国家政策的影响。大学生创业前，必须了解当前的创业形势和创业政策，才能做出科学的创业决策，取得最终的成功。

一、当代大学生创业的环境

随着我国经济的发展，社会主义市场经济制度进一步完善，大学生创业的总体环境趋好。但同时，市场竞争的加剧、全球经济的震荡以及其他外部环境等非常规因素的影响，让创业的不确定性和风险也有所增加。

（一）大学生创业的有利因素

（1）政策支持。2021年国务院印发《国务院办公厅关于进一步支持大学生创新创业的指导意见》，围绕提升大学生创新创业能力、优化大学生创新创业环境、加强大学生创新创业服务平台建设等八个方面，提出了支持大学生创新创业的指导性政策举措。每个省份和地方都会根据实际情况制定具体的大学生创新创业优惠政策。

（2）创业培训。创业培训可以在一定程度上弥补大学生缺乏社会经验的短板。同时大学生还能通过创业培训了解创业的相关知识，与其他创业者沟通交流等，提高自身的创业能力，提高创业活动的成功率。

（3）社会环境。近年来，社会对大学生创业失败也有了更多的宽容和理解。有些省份和地区允许高校毕业生创业失败继续享受不超过1年的社保补贴，以营造鼓励创业、宽容失败的社会氛围。

（4）时代背景。目前我国经济正呈现"新常态"，带来了战略性新兴产业加快发展的机会，节能环保、信息产业、生物产业、新能源、高端装备制造业等新兴产业的崛起，新材料、云计算、移动终端、传感器的普及，移动支付等技术变革，让大学生创业机会不断增多。

（二）大学生创业的不利因素

（1）创业融资困难。金融机构的贷款融资的门槛高、融资手续繁杂、融资成本居高不下，让大学生创业者们对金融机构的贷款望而生畏。而风险投资基金更青睐技术含量高、经营管理经验更丰富的创业团队，投资大学生创业者概率很小。

（2）竞争对手众多，市场竞争激烈。大学生往往市场的评估能力和研发能力较差，经验和资源匮乏，当与众多实力强、技术先进、管理水平高的企业同台竞争时，不占优势。

（3）当前正深处百年未有之大变局，这个时代具有易变性、不确定性、复杂性和模糊性等特点。在这样的时代背景下，创业者无法通过准确预测来防范一些意外事件所带来的冲击，给企业经营带来负面影响。

二、当代大学生创业的优劣势

（一）大学生创业的优势

（1）善于学习，博学多才。通过多年系统化的学习，大学生已经形成了较强的学习能力，具有一定的专业知识、管理知识、商业知识、法律知识等。

（2）年轻敢闯，顺势而为。大学生往往对未来充满希望，做事充满激情。此外，大学生可以得到来自外部的支持，如与志同道合的同学合伙创业，获得政府及学校的政策扶持，获得天使投资人的青睐。

码上学习——
传承红糖文化，
一名大学生的
"红糖情怀"

（3）思维活跃，多谋善断。大学生接受新鲜事物快，能够从多种渠道获取丰富的创业信息，运用创新思维寻找创业机会，明确创业方向。

（4）身体健康，精力充沛。大学毕业生有更多的时间和精力，身体素质好能够承受高强度的工作负荷。

（二）大学生创业的劣势

（1）认识不足，盲目创业。由于年纪尚轻，社会阅历不足，不少大学生对创业的认识还很浅显。除此以外，有的人不重视前期市场调研和论证，也没有考虑项目是否符合相关政策规定，自身是否具备从事该行业所需的相关专业知识和技能，项目是否可持续，导致行业选择不当，盲目创业。

（2）眼高手低。很多大学生创业者不屑于从事服务业或者技术含量较低的行业，而是希望投身互联网、科技等看似"高大上"的行业，做一些颠覆性的创新项目。当创业计划转变为创业实施后，才发现自身不具备解决问题的能力，犯了眼高手低的错误。

（3）资源匮乏。企业开办、市场开拓、产品推介等工作都需要资金投入，同时还要调动社会资源。由于大学生缺钱、缺经验、缺人脉，导致创业项目的推进常常受阻。

（4）不能妥善处理团队内部的问题。大学生一般会选择同学或者亲友共同合伙创业。但是随着企业的发展壮大，团队成员可能会由于性格意见不合、利润分配不公平、缺乏科学合理的管理制度等问题，导致团队合作出现裂痕。

三、大学生创业的主要途径

（一）利用专业优势创业

知名教育专家李家华认为，大学生创业最大的优势就是专业。首先，要确定你的专业技能是什么。你需要评估自己的技能和经验，并确定哪些技能可以成为你创业的核心竞争力。例如，如果你学的是软件技术专业，你可以考虑开发自己的软件产品或者提供软件开发服务等；如果你学的是智能产品开发与应用专业，你可以进行智能产品的软硬件设计。其次，一旦你确定了自己的专业技能，就需要分析市场需求，确定你的产品或服务是否有市场。这包括了解目标客户群体、竞争对手、市场规模等。你需要在市场中找到一个具有潜力的空缺，以便更好地定位自己的产品或服务。

（二）到农村创业

在全面落实乡村振兴战略的时代背景下，大学生返乡创业逐渐成了促进乡村振兴的重要主力。那么大学生返乡创业要注意那些问题呢？一是要加强创业团队构建，克服技术瓶颈，增强乡村创业任务所需的核心知识与核心技术；二是要重视商业模式确立，厘清发展思路，进行可行性分析等；三是寻求多方合作资源，与乡村经济组织联盟，搭建乡村创业交流与合作平台；四是加强自身各项学习，注意把自己所学的专业知识和乡村实际需求相结合。

启智润心

党的二十大报告中提出了"全面推进乡村振兴""坚持农业农村优先发展，坚持城乡融合发展，畅通城乡要素流动""扎实推动乡村产业、人才、文化、生态、组织振兴"。大学生返乡创业，不仅能很好地解决自身就业问题，也能在基层的实践中施展才华、检验所学、锤炼自我，同时还能助力发展乡村产业，带领百姓致富。

（三）校园内创业

在校园内创业是一种低门槛、低成本，很容易上手的创业途径。只要善于观察和动脑，你会发现在大学校园里处处有商机。例如，闲置物品交易、校园配送服务、饮品店、摄影工作室等。

（四）网络创业

当前，以互联网为代表的信息技术和人类生产生活深度融合，很多大学生利用互联网技术或者借助互联网平台开展商业经营活动，并创造了价值。例如，电商创业、劳务技术创业、自媒体创业、自建平台运营创业、网络代理商等。

（五）加盟创业

加盟是借助和复制别人的产品与经营模式。首先，品牌方都有一定的品牌知名度，可以更快速地获得客户认可；其次，品牌方一般有统一的采购和配送体系，可以为加盟商提供商品的配置和供货保证；再次，品牌方对加盟商都会做不同程度的商圈考察，对门店未来经营状况进行预估；最后，加盟商开店初期得到各种扶持。

适合大学生加盟创业的行业有很多,如餐饮美食、服装饰品、美容美体、教育培训、家居建材、汽车销售、汽车美容等。

创业导师点拨

我国政府一直很重视大学生创业工作,近年来各级政府出台了多项大学生创业帮扶政策,主要集中在创业担保贷款、设立高校毕业生就业创业基金、减免税收、众创空间税收优惠、优先转移科技成果、支持举办创新创业活动、大力加强创新创业教育、免收有关行政事业性收费、免费创业服务等。可以看出,我国政府颁布的大学生创业扶持政策涵盖了创业的方方面面,不仅有实际的资金上的支持和税收减免,提供创业空间、创新创业教育等各种优惠,还动用了高校、众创空间、研究机构等相关组织为大学生创业提供支持,真正做到了全方位、多角度、有深度的创业帮扶,促进青年大学生真正成为创新创业的主力军。因此,大学生在创业之前不仅要修炼好内功,还要充分了解当地政府的具体帮扶政策,借助政策东风扬帆起航,助力自身发展。

实践课堂

调查大学生创业现状及需求

以小组为单位,通过调查问卷的方式对当地大学生创业倾向进行调查。

要求:用问卷星自行设计调查问卷,在大学生人流量大的地方发放并回收调查问卷,以此统计当地大学生的创业倾向,并根据调查问卷结果撰写调查报告。

注意事项:

(1)问卷的调查对象为在校及毕业 5 年内大学生,其他身份的人填写的调查问卷无效。

(2)调查的样本太少则无说服力,问卷样本要在 100 份以上。

调查过程实施:_____

_____

_____

_____

_____

调查结论:_____

_____

_____

_____

_____

_____

✦ 项目一考核评价

评价阶段	评价内容	分值	学生自评	小组互评	教师评价	平台数据	备注
课前探究	微课视频完成度	10					
	即练即测	10					
课中实训	任务1实训完成情况	20					
	任务2实训完成情况	20					
	任务3实训完成情况	20					
课后拓展	码上学习完成度	10					
	巩固提升	10					
项目一总评得分			学生签名				

注：1. 平台数据完成的打"√"，未完成的打"×"。

2. 项目评价分值仅供参考，教师可以根据实际情况进行调整。在本项目完成之后，采用过程性评价与结果性评价相结合，综合运用自我评价、小组评价和教师评价3种方式，由教师确定3种评价方式分别占总成绩的权重，计算出学生在本项目的考核评价的最终得分。

📖 课后思考题

1. 创新和创业之间的区别与联系是什么？
2. 创新创业教育对大学生有何意义？
3. 大学生在创业的过程中应如何扬长避短？

📚 书香致远

1. 彼得·蒂尔,布莱克·马斯特斯. 从0到1：开启商业与未来的秘密[M]. 高玉芳,译. 北京：中信出版社，2015.
2. 俞敏洪. 我曾走在崩溃的边缘[M]. 北京：中信出版社，2019.
3. 蔺雷，吴家喜. 第四次创业浪潮[M]. 北京：中信出版社，2016.

复盘反思

哪些内容让你印象深刻?	你获得了哪些方法和能力?

学习中的困惑有哪些?	接下来你可以采取哪些行动提升?

项目二
想到才能做到——创新思维和创新方法训练

项目导入

想到，才有可能做到；如果想都不敢想，何谈做到？要想在未来的人生中有一番作为，就一定要敢想，并且敢做，唯有如此，才能从平凡走向卓越，进而出类拔萃。

通常来讲，创新包含创新思维和创新方法两个要素，二者相辅相成，互相促进。创新思维是指对事物间的联系进行前所未有的思考，从而创造出新事物、新方法的思维方式。创新方法是指人们通过研究有关创造发明的心理过程，在创造发明、科学研究或创造性解决问题的实践活动中总结、提炼出的有效方法和程序的总称。二者中，创新思维是创新的核心与灵魂，创新方法是创新的成果与工具。

在本项目中，首先探讨如何突破思维定势以及认识创新思维，其次探讨创新方法的应用，激发创新意识并提升创新能力。

学习目标

知识目标：

1. 了解思维定势的含义、类型；
2. 掌握突破思维定势的方法与策略；
3. 理解创新思维及其分类；
4. 掌握常见的创新思维方法和创新方法、工具。

能力目标：

1. 能够运用头脑风暴法、六项思考帽法等创新思维方法带来创意并解决问题；
2. 能够使用奥斯本检核表法、5W2H法、组合创新法、分析列举法等创新方法提出新的设想或者创造新的价值。

素质目标：

1. 激发创新意识和创新精神；
2. 深刻理解把握时代潮流和国家需要，敢为人先、敢于突破，以聪明才智贡献国家，以开拓进取服务社会。

创客先锋

合肥大学生发明语音分类垃圾桶，识别 60 多种垃圾

垃圾分类的问题让很多居民感到头疼，原来只需随手一丢的垃圾现在需要分门别类放入不同的垃圾桶，确实比较麻烦，但是最近合肥大学的大学生却宣称可以"一句话搞定垃圾分类"，堪称神奇。

原来这群大学生来自"语音分类垃圾桶"项目组，他们发明了一种能够自动分类垃圾的垃圾桶，只要在扔某种垃圾的同时，说出"回收"二字和垃圾名称，垃圾桶就会立即做出反应，将这种垃圾分门别类地投入桶内设置的"可回收垃圾""厨余垃圾""有害垃圾""其他垃圾"4 个小格中，非常方便。

据"语音分类垃圾桶"项目组成员崔翔赫介绍，他们用了一个多月的时间研制出了这个"语音分类垃圾桶"。整个垃圾桶分为 4 部分：最上层是一个压缩层，功能是将垃圾进行压缩，可将易拉罐压缩成薄片；第二层是垃圾分类层，主要部分是一个可以转动的投料孔，该装置可以识别不同种类的垃圾，然后转动投料孔到对应种类的垃圾箱上，打开阀门使垃圾掉进垃圾箱；第三层是放 4 种垃圾箱的位置；第四层是一个储气的气罐，储存的气体是进行垃圾压缩的动力。垃圾投入垃圾桶后被压缩成能穿过投料孔的体积，然后在分类层被系统自动识别类型并进入对应垃圾箱，这就达成了"一句话搞定垃圾分类"的目标，免去了自行分类的烦恼。

目前，"语音分类垃圾桶"能准确识别用普通话说出的易拉罐、塑料瓶、废纸团等 60 多种生活垃圾名称，识别率可达 100%。在垃圾桶顶部还有一个显示屏，在扔进垃圾之后，上面会显示垃圾的类型，并进行计数，比如扔进一个易拉罐，就会显示可回收垃圾加一。如果垃圾桶满了屏幕上会提示更换垃圾桶。在这些功能的加持下，这个"语音分类垃圾桶"体现出了良好的实用性和交互性，效率极高。

"语音分类垃圾桶"的发明过程让创新团队吃尽了苦头。崔翔赫表示为了研究这个项目，他和同学们自学了电路控制、传感器等，其中最艰难的要数压缩技术，团队一开始尝试了液压压缩，但是液压装置体积太大，后来又试验用电动推杆，但是电动推杆的压力不足，不能将垃圾压缩到理想的程度。项目在这里一度陷入僵局，整个项目组数次讨论研究、试验，最终将目标转向气动压缩，为此又熬夜赶工，终于使压缩装置达到了体积小、力度大、速度快的要求。

接下来，崔翔赫表示还会继续改进"语音分类垃圾桶"，因为团队成员通过讨论和思考又得到了新的启发，能够使这个产品更加完善。在那之后，创新团队会继续提高该产品的实用性，并寻求将其产业化，投入市场。

（资料来源：合肥大学生发明语音分类垃圾桶，识别 60 多种垃圾！期望变成产品 [J]. 南方都市报，2019-11-30.）

思考：
1. "语音分类垃圾桶"的创新之处在哪里？
2. "语音分类垃圾桶"项目组使用了什么方法完成创新？
3. "语音分类垃圾桶"项目组在创新活动中体现出了什么能力和素质？

项目二 想到才能做到——创新思维和创新方法训练

任务一　突破思维定势

2.1 思维定势为何是把双刃剑？

一、思维定势的含义

思维定势又称思维惯性，是一种固定的思维模式。人们可以根据目前问题的特征联想到已经解决的类似问题，将已有的知识和经验应用于新问题的思考。思维定势可以简化思维的过程，按照既定模式进行思维，快速找到解决方法。思维定势可以帮助人们解决每天碰到的80%以上的问题，尤其是对程序性和事务性的工作任务有效。但当新的情境出现，思维定势会妨碍人们觉察其中的差异并采取新的方法，限制人们的创造力，最终会因思维定势束缚而陷入困境。

下面快速自我测试一下，你的思维有没有僵化，能否创造性地解决新问题。

课堂讨论

1. 在荒无人迹的河边停着一只小船，这只小船只能容纳一个人。有两个人同时来到河边，两个人都乘这只船过了河。请问：他们是怎样过河的？

2. 一个食品店，一次接到一个刁钻古怪的顾客的订货单。上面写道："定做9块蛋糕，但要装在4个盒子里，而且每个盒子里至少要装3块蛋糕。"这个顾客傲慢地说："贵店不是以讲信誉闻名远近吗？如果连这点小事都办不了，嘿嘿，今后还是把招牌砸掉算了！"如果你是食品店的店员，你能想出办法来吗？

3. （1、3、7、8）（2、4、6）（5、9），你能猜出这3组数字间有何种关系吗？

4. 如何将9个点用4条直线串起来？见图2-1。

码上学习——
答案揭晓

图2-1　连线题

二、思维定势的类型

1. 权威型思维定势

权威型思维定势是指对权威人士的言行不自觉地认同。对权威的无条件地认同会打消很多创新的想法。权威人物未必总是对的。例如，古希腊的科学家亚里士多德作为欧洲的科学权威曾提出：物体下落的快慢是由物体本身的重量决定的，物体越重，下落得越快。这一理论影响了其后两千多年的人，直到物理学家伽利略提出了相反的意见，并进行了自由落体实验来反驳他。

2. 从众型思维定势

从众型思维定势是指做事不假思索地效仿大部分人的做法，缺乏自己独立思考和选择的意识与勇气，自己的行为、情感或思想价值观等随大流。学者阿希曾进行过从众心理实验，结果显示，受测试人群只有 1/4~1/3 的被试者没有发生过从众行为，保持了独立性，可见它是一种普遍存在的心理现象。虽然与群体保持一致性使人有归属感和安全感，有时候也能帮助人们做出有利的选择，但是盲目从众、人云亦云是难以创新的。

3. 经验型思维定势

经验型思维定势是指人们按照积累的思维活动经验教训和已有的思维规律，在反复使用中所形成的比较稳定的、定型化了的思维路线、方式、程序、模式。在环境不变的条件下，定势使人能够应用已掌握的方法迅速解决问题；而在情境发生变化时，它会妨碍人采用新的方法。

4. 书本型思维定势

书本型思维定势是指一个人过分依赖书本知识，一切从书本出发，以书本为纲，仅仅机械地运用书本上的知识和方法，而忽略了实际情况和问题的本质。当然，书本对人类所起的积极作用是显而易见的，但是，许多书本知识是有时效性的，随着社会的发展，有些书本知识会过时，知识是要更新的，所以当书本知识与客观事实之间出现差异时，受到书本知识的束缚，死抱住书本知识不放，就会表现为对问题的处理方式固化，缺乏创新性和灵活性，容易被传统观念、固定思路、成见和传统模式所束缚，无法适应新的环境和变化。

作为大学生，为了避免书本型思维定势的影响，应该辩证地看待书中的观点，从不同角度思考问题，丰富自己的学习途径，注重实践，并运用创新的方法解决现实的问题。

三、思维定势的突破策略

（一）张开想象的翅膀

著名物理学家爱因斯坦这样说道："想象力比知识更重要，因为知识是有限的，而想象力概括着世界上的一切，推动着进步，并且是知识进化的源泉。"人们也常听说一句话："只有你想不到，没有你做不到的。"虽然说得有点绝对，但是意思并没有错。为什么想象力比知识更重要呢？因为想象力可以带来关于新的理论规律的猜想，而知识更多是对过去经验的归纳。创造性的想象并不是科学家、哲学家们的专利，而是存在于人们的每项行动中。

（二）培养发散性思维

一个问题存在着不止一种答案，通过思维的向外发散，找出更多妥帖的创造性答案。当思考砖头有多少用途的时候，充分运用发散性思维可以给出许多答案：建筑房屋、铺路、刹住停靠在斜坡的车辆、砸东西、压纸、垫高、防卫的武器等。

例如，北宋有个和尚叫怀丙，他是一名出色的工程家。怀丙聪明善思，曾多次解决当时谁也解决不了的工程难题。一天，河中府一条浮桥两侧的铁牛被大水冲入河中，当地官府招募奇人异士打捞铁牛，怀丙利用水的浮力，将沉船带出水面。今天看在没有现代化工具的情况下，要把万斤重的铁牛从河里打捞起来，实属不易，怀丙捞铁牛的故事体现了古代劳动人民的勤劳和智慧。

（三）不断汲取新知识

突破思维定势需要个人拥有丰富的知识储备，不被现有知识限制住，才有可能在面对新问题时找到新的方法。汲取新知识的途径有两个。

首先，广泛阅读。汉代刘向说："书犹药也，善读之可以医愚。"单一的知识体系会逐步让人们的思维僵化，看待问题的角度和解决问题的方法慢慢变得单一、狭隘，也阻碍了自身能力的提升。要打破这种状态，唯有培养阅读兴趣和习惯，从而广泛涉猎各个领域的知识。

其次，勤于思考。子曰："学而不思则罔，思而不学则殆。"深入学习必然连带着"惑"，有"惑"方能进一步地思考。只有把学习和思考结合起来，才能学到真知灼见，也才能在实践中少走弯路，立于不败之地。当今社会，各种新事物、新技术、新观念、新方法层出不穷，新问题、新矛盾不断涌现，依靠旧有的经验已经远远不能适应新的世界形势。人们只有与时俱进地学习和思考，才能够不断地了解新鲜事物，了解和掌握工作上的新思路和新方法。

（四）善于变通，懂得随机应变

思维善于变通的人，能够更好地组织多方面的信息，灵活运用已经拥有的知识，并能根据事物变化的具体情况，及时调整自己的理念和想法，从而提出不同凡响的观点、方法和方案，将难题迎刃而解。

启智润心

司马光砸缸

司马光先生是北宋时期著名的政治家和历史家，其代表性著作《资治通鉴》流传千古。此外，司马光广受人们熟知的一个原因是他自小就聪明过人、有勇有谋。相传司马光七岁时跟几个小伙伴在后院嬉戏。有一个孩子比较淘气，他爬到一口大水缸上，结果失足掉进去了。

这个大水缸足足有一个成年人高，里面盛满了水。此时附近没有大人，眼看自己的小伙伴就要淹死了，在场的孩子惊慌失措，有的吓得大哭，有的吓得去找大人。危急之时，司马光急中生智，从地上捡起一块大石头，使劲向水缸砸去。水缸里的水顿时哗啦啦流了一地，小伙伴得救了。

幼年司马光就具有了灵活变通，换位思考的反向思维。通常要救出落水的人，我们想到的几乎都是用什么方法能够把人从水里捞起来，但司马光反其道而行之，想到的是让水流出，人就脱离危险了。

创业导师点拨

能够把人限制住的，只有人自己。人的思维空间是无限的，像曲别针一样，至少有亿万种可能的变化。也许我们正在被困在一个看似走投无路的境地，也许我们正困于一种两难选择之间，这时一定要明白，这种境遇只是因为我们固执的思维定势所致，只要勇于重新考虑，一定能够找到不止一条跳出困境的出路。

实践课堂

中秋节与春节、清明节、端午节并称为中国四大传统节日，月饼又称月团、丰收饼、团圆饼等，最早收录于南宋吴自牧的《梦粱录》中，最初是用来拜祭月神的供品，后来寓意着团团圆圆，人们把它当作节日食品，用它祭月、赠送亲友。月饼与各地饮食习俗相融合，发展出了广式、晋式、京式、苏式、潮式、滇式等月饼，被中国南北各地的人们所喜爱。在中秋佳节吃月饼是我们中国人必不可少的传统。对于奔忙在异乡的游子们来说，这一口勾起记忆味道的月饼连接着团圆与故乡。虽说年年过中秋都要吃月饼这个传统不能变，但是月饼也要在传承中不断发展，即拥抱时代变革潮流，主动了解年轻人的消费需求，开发出更适应新时代的品类。你能想到哪些创新的途径呢？请把你的创意想法写在下方。

任务二　认识创新思维

2.2 创新思维与一般思维具体有哪些不同？

一、创新思维的含义

创新思维是改变已有思考问题的角度、观点，另寻新的方向去认识事物，突破固有思维模式的认知方式，从而提出不同于寻常的、富有创见的新观念、新理论的思维。创新思维是在常规思维的基础上发展起来的、高级阶段的思维形式，是人类探索事物本质，获得新知识、新能力的有效手段。德国物理学家普朗克说："思考可以构成一座桥，让我们通向新知识。"这里提到的"思考"，就是指创新思维。

二、创新思维的类型

（一）联想思维

2.3 创新思维有哪些形式？

英国有一句谚语："丢了一个铁钉，丢了一个王国。"这是怎么联系起来的呢？铁钉—马掌—战马—统帅—战争—王国。这就是联想思维。生活中经常在用联想的方法。例如概念、方法、性质、形象等方面的联想，由"海洋"想到"轮船"，由"春天"想到"鲜花"，由"运动"想到"篮球"，等等。

1. 联想思维的概念

联想思维是指从一个概念想到另一个概念，从一种方法想到另一种方法，或从一种形象想到另一种形象的心理过程。一般来说，人们在长期的科学研究和生产实践中获得的知识、经验和方法都存储在大脑的巨大记忆库里，随着时光消磨，会逐渐进入记忆库底层。实际上，底层的记忆在很大程度上已转化为人的潜意识，通过联想使潜意识发挥作用、产生灵感，从而把当前的事物与过去的事物有机联系起来，产生出新设想和方案，对人们开展发明创造活动能够提供很大帮助。

2. 联想思维的特征

联想思维有 3 个特征。

（1）连续性。联想思维的主要特征是由此及彼、连绵不断地进行，可以是直接的，也可以是迂回曲折地形成闪电般的联想链，而链的首尾两端往往是风马牛不相及的。

（2）形象性。由于联想思维是形象思维的具体化，其基本的思维操作单元是表象，是一幅幅画面。因此，联想思维和想象思维一样显得十分生动，具有鲜明的形象。

（3）概括性。联想思维可以很快把联想到的思维结果呈现在联想者的眼前，而不顾及其细节如何，是一种整体把握的思维操作活动，因此可以说有很强的概括性。

创业导师点拨

在一定程度上,人与人之间创造力的差别在于看到同样的事物产生不同的联想。万事万物存在各种各样的差异,但是形形色色的事物中,也蕴含着无限的联系。

3. 联想思维的作用

联想思维主要有3个作用。

第一,有助于提高创造力。通过联想,可以创造性地把事物、现象、原理等联系起来,发现本质上的联系,解决问题或创造新事物。可以说,联想是创造的根源,若不会联想,则创造不出新东西。

第二,为创新思维提供基础。联想思维是很多创新思维的基础,联想思维可以触类旁通,把思维引向深处或扩大思维的活动空间,从而进行发散思维,引发灵感、直觉等。

第三,有利于完善知识系统。知识系统是创新的基础,建立知识网络需要联想思维。联想思维把知识信息按一定的关系存储起来,使知识有序化,并在需要时将知识检索出来。

(二)发散思维

课堂讨论

上面有9个圆形,给你1分钟的时间,你能画出多少种不同的图案。和你的同学比一比,看谁画的种类更丰富、更有新意。

刚才的练习就是在考查发散思维。

1. 发散思维的概念

发散思维的概念是美国心理学家吉尔福特1950年在以"创造力"为题的演讲中首先提出的,半个多世纪来,引起了普遍重视,促进了创造性思维的研究工作。发散思维又称求异思维、扩散思维、辐射思维等。发散思维是指从一个目标出发,沿着多种途径、方向、角度去思考，思维呈现出多维发散状，产生数量多而新颖的答案。发散思维是一种探索多种可能性的思维方式，让人们突破常规，进行跳跃性思考。

2. 发散思维的特征

吉尔福特认为发散思维具有以下3个特征。

（1）流畅性：在短时间内能连续地表达出的观念和设想的数量。例如，在规定时间内写出所有偏旁为"月"的汉字，写出的汉字越多，说明流畅性越好。

（2）灵活性：也称为变通性，能从不同角度、不同方向灵活地思考问题。例如，有人曾对一群学生做过一个测试，请他们在5分钟内说出红砖的用途，结果学生的回答是："盖房子、筑围墙、铺路面、盖仓库……"尽管他们说出了砖头的多种用途，但这些用途的变化范围极小，始终没有离开"建筑材料"这一大类，说明被试的变通性、灵活性较差。其实，只需从多个角度来考察红砖，便会发现还有如压纸、砸钉子、支书架、锻炼身体、垫桌脚、画线、作红标志，甚至磨红粉等诸多其他用途。创造性高的人解决问题的时候可以触类旁通，举一反三，开创不同方向的能力。

（3）独创性：具有与众不同的想法和别出心裁的解决问题的思路。这是发散思维的本质，它是发散思维的灵魂，属于思维的最高层次。例如，给你提供一个一般的故事情节，要求想出一个恰当的题目，独创性高的人想的办法都比较独特，独创性低的人想的办法都比较常规。

3. 发散思维的种类

一般而言，发散思维主要有以下7种。

材料发散法——以某个物品尽可能多的"材料"为发散点，设想该物品的多种用途。

功能发散法——从某事物的功能出发，构想出获得该功能的各种可能性。

结构发散法——以某事物的结构为发散点，设想出利用该结构的各种可能性。

形态发散法——以事物的形态为发散点，设想出利用某种形态的各种可能性。

组合发散法——以某事物为发散点，尽可能多地把它与别的事物进行组合成新事物。

方法发散法——以某种方法为发散点，设想出利用方法的各种可能性。

因果发散法——以某个事物发展的结果为发散点，推测出造成该结果的各种原因，或者由原因推测出可能产生的各种结果。

课堂讨论

说一说曲别针有多少种用途？

创业导师点拨

如果把发散思维比作树，那么出发点是树的主干，枝丫、叶子、

码上学习——
曲别针究竟有多少种用途？

根茎等就是思维迁移、发散的结果。滋养大树的土壤是人的知识、发散思维能力、经验等，只有这些内容不断丰富，发散思维的能力以及价值才会更高。如果人没有一定积淀，那么发散思维就难以开枝散叶，无法转化成有价值的事物。平时可以通过"一题多解""一事多写""一物多用"等方式来提升发散思维。

（三）聚合思维

1. 聚合思维的概念

聚合思维是指从已知信息中产生逻辑结论，从现成资料中寻求正确答案的一种有方向、有条理的思维方式。聚合思维法又称求同思维法、集中思维法、辐合思维法和同一思维法等。聚合思维法是把广阔的思路聚集成一个焦点的方法。它是一种有范围的收敛性思维方式，与发散思维法相对应。创新中不仅要由发散思维来提供很多想法，还要通过聚合思维得到最终创造性的结论。很多情况下，外界的信息、可能性纷繁复杂，通过聚合思维可以探索出新的知识、方法和规律等。

2. 聚合思维的特征

聚合思维具有以下3个特征。

（1）收敛性。发散思维以问题为原点，指向四面八方，具有明显的开放性。聚合思维则具有收敛性。聚合思维以某个目标为中心，筛选四面八方的信息，向着一个方向思考，推论出合理的答案。

（2）连续性。发散思维是一种跳跃式的思维。聚合思维则具有较强的连续性，环环相扣，不允许出现思维的跳跃，每个步骤都要正确，才能推论出最佳的答案。

（3）求实性。发散思维能产生众多想法，不要求有逻辑、讲实际，很多想法是不成熟的。而聚合思维是求实的，从客观实际出发，对发散思维的结果或者其他各种信息进行筛选、推理、论证，不允许用想象、联想等代替逻辑推理。

创业导师点拨

发散思维与聚合思维都是创新思维必不可少的，二者相互联系、相互依赖、相互补充。因此，只有将发散思维和聚合思维有机结合起来，才能完成创新。一般是在创新设想的开始阶段先让思维发散，再运用聚合思维，而且往往要多次交替使用，经历发散—聚合—再发散—再聚合的循环上升。

（四）灵感思维

1. 灵感思维的概念

灵感思维是指思维主体经过大量信息的输入和长时间的思索，仍旧一筹莫展时，突然产生新想法而瞬间获得解决思路，或者由于某种原因（如外界启发、紧急情况等）而迸发的一种新的领悟。灵感思维常带有巨大的突破性，如科学家的"茅塞顿开"、艺术家的"神来之笔"以及生活中的"急中生智""计上心头"等，都是灵感思维的体现。

钱学森说："如果把非逻辑思维视为形象思维，那么灵感思维就是顿悟，实际上是形象思维的特例。灵感的出现常常带给人们渴求已久的智慧之光。"

2. 灵感思维的特征

灵感思维的特征有以下4点。

（1）累积性。产生灵感并不是容易的事，灵感往往来自冥思苦想和大量的学习和实践，如果没有"众里寻他千百度"的苦苦寻觅，就没有"蓦然回首，那人却在灯火阑珊处"的豁然开朗。例如，英国著名数学家哈密顿借助灵感思维发现了四元数之后，曾深有感触地说："这是十五年辛勤劳动的结果。"俄国著名作曲家柴可夫斯基更是形象地说："灵感是这样一位客人，他不爱拜访懒惰者。"

（2）突发性。灵感往往是在出其不意的刹那间出现，使长期苦思冥想的问题突然得到解决。在时间上它不期而至，突如其来；在效果上，突然领悟，意想不到。这是灵感思维最突出的特征。

（3）偶然性。灵感在什么时间出现，在什么地点出现，或在哪种条件下出现，都使人难以预测而带有很大的偶然性，往往给人以"有心栽花花不开，无意插柳柳成荫"之感。

（4）易逝性。灵感飘忽不定，走路、吃饭、聊天、睡觉之时都可能产生。并且来无影，去无踪，如不及时捕捉，事后很难回忆起来。所以当灵感思维带来宝贵的灵感后，要及时记录，对灵感进行加工整理，灵感思维短暂的火花才能结出思维的硕果。

（五）直觉思维

1. 直觉思维的概念

直觉思维是指对一个问题未经逐步分析，仅依据内因的感知迅速地对问题答案作出判断；或者在对疑难百思不得其解之时，突然对问题有"灵感"和"顿悟"，甚至对未来事物的结果有"预感""预言"等都是直觉思维。"第六感"就是一种直觉思维。直觉思维是长期积累的经验的升华，能直接触及事物的本质。

2. 直觉思维的特征

直觉思维有两个特征。

（1）简约性。直觉思维是对思维对象从整体上进行考察，调动自己的全部知识经验，通过丰富的想象做出的敏锐而迅速的假设、猜想或判断。它省去了一步一步分析推理的中间环节，而采取了"跳跃"的形式。它是一瞬间的思维火花，是思维者的灵感和顿悟，是思维过程的高度简化。

（2）非逻辑性。直觉思维不是按照通常的逻辑规则按部就班地进行的，它既不是演绎式的推理，也不是归纳式的概括。直觉思维主要靠想象、猜测和洞察力等非逻辑因素，直接把握事物的本质或规律。它不受形式逻辑规则的约束，常常是打破既有的逻辑规则，提出反逻辑的创造性思想，如爱因斯坦提出的"追光悖论"；它也可能压缩或简化既有的逻辑程序，省去中间烦琐的推理过程，直接对事物的本质或规律作出判断。

启智润心

屠呦呦致力于中医研究实践，带领团队攻坚克难，研究发现了青蒿素，为人类带来了一种全新结构的抗疟新药，解决了长期困扰的抗疟治疗失效难题，标志着人类抗疟步入新纪元。以双氢青蒿素、青蒿琥酯等衍生物为基础的联合用药疗法（ACT）是国际抗疟第一用药，挽救了全球特别是发展中国家数百万人的生命，产生了巨大的经济社会效益，为中医药科技创新和人类健康事业作出了重要贡献。2015年10月，屠呦呦作为第一位获诺贝尔科学奖项的中国本土科学家，获得了诺贝尔生理学或医学奖。

任何创新都是在前人已有的基础之上进行的，屠呦呦既重视传统经验，又大胆运用现代科学知识，两者相互结合，抗疟疾研究才有了新的进展与突破。

从屠呦呦的事迹当中，人们看到了好学不倦、不断试错，敬畏传统、勇于创新，砥砺前行、去伪存真，无私奉献、兼容并蓄的科学精神和创新精神，这些永远值得年轻人学习。

创业导师点拨

培养创新思维，不仅要有开拓创新的精神，还要注重平日里的知识的储备。《逍遥游》中说得好："水之积也不厚，则其负大舟也无力；风之积也不厚，则其负大翼也无力。"足见积累在日常学习中的重要性。要通过广收博采信息，并将其内化为构建自我世界的素材，初步搭建出思维体系，为进一步的思考打下基础。

实践课堂

一、请说出与"鼠标"相关的10种事物。

项目二 想到才能做到——创新思维和创新方法训练

二、请找出"手表"与"书包"的 10 个关联。

三、尽可能在短时间内回答下面的问题,并给出独特的答案。

1. 台灯有哪些用途?

2. 行李箱可以添加哪些功能?

任务三　掌握常见的创新思维方法与工具

学习加油站

2.4 头脑风暴法，让集体创意不再困难

创新虽然是一项没有固定形式、自由度很高的活动，但也有方法可依。创新方法是指创新活动中带有普遍规律性的方法和技巧，即一些在创新活动中解决问题的必要步骤或者参考途径与技巧。掌握并熟练运用一些创新方法和工具，能够提升创新创业活动的效率，从而顺利达成目标，获得成功。这一部分介绍如何运用常见的创新方法，应对现实生活、工作中的问题，助力大家提高创新水平。

一、头脑风暴法

（一）什么是头脑风暴法

头脑风暴法又称脑力激荡法、智力激励法、BS法、自由思考法，是一种集体创新方法，能够集思广益、充分发挥集体智慧，探求问题各方面、各角度的全部原因或构成要素，从而提出解决问题的方法。头脑风暴法简单快速且有效，已经成为职场上常用的创新方法之一。

头脑风暴最早是精神病理学的一个术语，是指精神病患者在失控状态下的胡言乱语。美国广告大亨亚历克斯·奥斯本发明了头脑风暴法并将其引入创意领域，用以指无限制的自由联想和讨论。奥斯本在自己公司的决策实践中发现，在群体决策时，群体成员的心理会产生相互影响，所有个体要么屈服于多数人，陷入从众定势，要么屈服于高位者的意志，陷入权威定势，这无疑会削弱群体的批判精神和创造力，从而降低决策质量。为了克服这种现象，奥斯本提出了头脑风暴法。该方法通过6~12人的小型会议的形式，只设立中心问题，与会者围绕该问题，自由交换想法或点子，并以此激发其他与会者的创意及灵感，产生"互激效应"，进而获得更优化的方法。

（二）头脑风暴法的四项基本原则

（1）自由畅想，鼓励新奇。与会者发言不要受传统思维和其他条条框框的约束，要保持思想处于自由驰骋状态，同时还要求新、求奇、求异，鼓励各抒己见、异想天开。

（2）禁止批评，延迟评判。禁止与会者在会上对他人的设想评头论足，排除评论性的判断。至于对设想的评判，留在会后进行，也不允许自谦。贯彻这一原则，要防止出现"这不可能""你说的根本行不通""你的想法几年前就有人做出来了""刚才有人已经说过了"等带有否定和消极的话语。

（3）追求数量，以量求质。在畅谈过程中，不是要求你提出"正确"的想法，而是创造出更多的可能性。所以在有限的会议时间内，鼓励提出的设想数量越多越好。因为越是增加设想的数量，越有可能获得有价值的创造性设想。通常，最初的设想往往不是最佳的，而一批设想的后半部分的价值要比前半部分高78%。

（4）相互启发，综合改善。鼓励"搭便车"，见解无专利是产生互激效应的基础，在别人提出的设想基础上加以改进发展，然后提出新的设想，或者提出新的综合改善的思路。此外，会上提出的设想大多未经深思熟虑，不是很完善，需要经过加工整理，对其进行补充、改进才能取得期望的成果。

（三）头脑风暴法的类型

（1）一般头脑风暴法。最初，你可以从一个词语或一个题目开始，将浮现在自己脑海中的所有想法写下来。你可以一直写下去，能写多少就写多少，即使某些想法乍看上去毫不相干或者不切实际，但是好的创意往往源于异想天开。很多大企业会使用这种方法激发有关新产品的想法。

课堂讨论

1. 从"黑板"这个词开始，给你3分钟的时间，你能往下接多少个词汇？
2. 想想"杯子"除了喝水，还有哪些功能？

拿出纸笔把你的想法写下来。如果和同学或朋友一起做这个活动，效果最好，因为可以在短时间产生更多新奇、有趣的想法。

（2）结构性头脑风暴法。以某一事物为起点，从几个不同维度或方向进行发散思考。例如，以"鱼"作为研究对象，然后从制造线、销售线、服务线和副产品线4个方面想出尽可能多的相关企业构思，如图2-2所示。

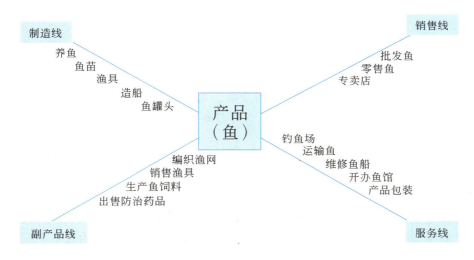

图2-2 "鱼"的结构性头脑风暴

（四）头脑风暴法的实施

1. 准备阶段

在准备阶段，主要有以下 4 项工作内容。

（1）选好主题。明确会议需要解决的问题，并提前将确定好的主题告知与会者，让他们事先进行背景资料的搜集，对发言内容有所准备。

（2）确定组织形式和参会人员。一般头脑风暴的参加人数为 5~10 人，最好由不同专业或不同岗位的人组成；与会人员要提前获取会议议题的相关基础知识，并掌握头脑风暴会议的原则和方法；会议讨论时间最好控制在 30~60 分钟，若某个主题需要更长时间的讨论，可以将该主题分解成若干小主题进行专题讨论。

（3）确定会议的主持人和记录者。主持人要掌握头脑风暴法的基本原则和操作要点，并能够营造融洽的、不受任何限制的会议气氛；记录者要认真记录与会者每个设想，以便于后期的创意筛选和会后总结。

（4）布置会场。为了营造宽松、平等的讨论氛围，会场可以做适当布置，如座椅排成圆环形；准备几道趣味题目，在正式讨论前供与会者参与竞猜，活跃气氛。

2. 畅谈阶段

畅谈阶段是头脑风暴会议的关键阶段。由主持人引导与会人员围绕会议议题进行自由发言，提出各种设想，并彼此相互启发、相互补充，尽可能做到知无不言，言无不尽；记录者需将所有设想都记录下来。直到与会人员都无法再提出构想时，该阶段结束。

3. 评价选择阶段

讨论结束后，对所有提出的构想进行分类和组合，形成不同的解决方案。这一阶段需要对每个提出的构想进行全面评价，评价的重点是研究该设想实现的限制性因素以及突破这些限制因素的方法。在质疑过程中，可能产生一些可行的新设想。按照此方法不断优化方案，最后选择出最受大家认可、最优化的方案，如果没能形成令人满意的方案，可再重复畅谈。

创业导师点拨

人们喜欢的头脑风暴会议往往时间紧凑、充满活力且能够促成实际效用。这样的会议能够激发人的潜能，提高效率，促进创新力的提升。

二、六顶思考帽法

（一）什么是六顶思考帽法

你试过这样做吗？把一本杂志放在你的头上使它保持平衡，你的左手要摆弄两个球，右手要在黑板上做算术题。这很有难度。毕竟在同一时间内做不同的事情，总是非常常困难并且令人手足无措。

六顶思考帽法就是用来帮助人们在同一时间内只做一件事情的思考方法；不再

同时思考太多事情，而是在同一时间内只"戴"一顶帽子。六项思考帽法是"创新思维学之父"爱德华·德·博诺博士开发的一种思维训练模式，或者说是一个全面思考问题的模型。它提供了"平行思维"的工具，避免将时间浪费在互相争执上。强调的是"能够成为什么"，而非"本身是什么"，是寻求一条向前发展的路，而不是争论谁对谁错。运用六项思考帽法，将会使混乱的思考从无序到有序，变得更清晰，使团体中无意义的争论变成集思广益的创造，使每个人变得富有创造性。

（二）帽子颜色的含义

六项思考帽中每一顶帽子代表着一种特定思维模式。当你戴上某一顶帽子时，就表明你用那一种特定的模式展开思考。六项思考帽法强调的是一个非常简单的概念：只能允许思考者在同一时间内做一件事情。思考者要学会将逻辑与情感、创造与信息等区分开来，如图2-3所示。

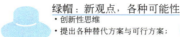

图 2-3　六项思考帽法

1. 白色思考帽（信息帽）

白色是中立而客观的。戴上白色思考帽，人们思考的是关注客观的事实和数据，不掺杂个人感受和观点，不需要对事实进行解释。

2. 绿色思考帽（创新帽）

绿色代表生命力和创造力，象征勃勃生机。绿色思考帽寓意创造力和想象力，具有创造性思考、头脑风暴、求异思维等功能。使用绿帽思维，可以寻找各种可供选择的方案以及新颖的想法。

3. 黄色思考帽（乐观帽）

黄色代表太阳和阳光。戴上黄色思考帽，人们从正面考虑问题，表达积极乐观的、满怀希望的、建设性的观点。由于黄帽思维强调逻辑，因此必须要有足够的理由来提供支持。黄色思考帽并不是做出全面的评估，而是仅仅找到那些有价值、有好处的地方。这要求思考者将积极态度作为思考前提。

4. 黑色思考帽（谨慎帽）

黑色代表忧郁和否定。黑帽思维考虑的是事物的负面因素，它是对事物的负面因素进行逻辑判断和评估。戴上黑色思考帽，人们可以运用否定、怀疑、质疑的看法，合乎逻辑地进行批判，尽情发表负面的意见，找出逻辑上的错误。

5. 红色思考帽（情感帽）

红色代表情绪和感觉，使人想到兴奋、喜欢、反感、生气、发怒等各种情感。戴上红色思考帽，人们可以表达自己的情绪，还可以表达直觉、感受、预感等方面的看法，是直觉思维。所有颜色的帽子中，红色思考帽应用的时间最短，不宜过长，表述出直观感觉即可。

6. 蓝色思考帽（指挥帽）

蓝色代表冷静，是天空的颜色，纵观全局。蓝色思考帽负责控制和调节思维过程。它就像乐队的指挥一样，负责控制各种思考帽的使用顺序，规划和管理整个思考过程。戴上其他五顶帽子，思考者都是对事物本身进行思考，但是戴上蓝帽子，则是对思考进行思考。

（三）六顶思考帽法的应用

六顶思考帽法有两种基本的使用方法：一是单独使用某顶思考帽来进行某个类型的思考；二是连续使用思考帽来考察和解决一个问题。

1. 单独使用

单独使用就是在对话或讨论的过程中，偶尔地使用某顶思考帽来引导思考方向。在单独使用时，思考帽就是特定思考方法的象征。

例如，如果需要获得更多新颖独特的想法，那么就可以戴上绿色思考帽，说："让我们用新视角、新概念、新创意来解决问题吧。"如果需要找到实施方案的不利因素，避免风险发生，这时可以戴上黑帽，说："让我们讨论一下这个方案的缺点是什么，这样实施会造成哪些后果。"这种方法可以帮助与会者统一讨论方向，提高会议的成效。

2. 连续使用

六顶思考帽法不仅定义了思维的同类型，而且可以通过确定思考帽的使用序列定义思维的流程结构。人们可以在会议中根据需要随时选择不同思考帽进行连续使用，但这需要熟练的使用技巧。

人们可以通过最初的蓝色思考帽思考，预先设定帽子的使用序列。设定序列时应注意：

（1）从蓝帽开始，以蓝帽结束，中间根据需要设定其他帽子的使用顺序。
（2）任意一项思考帽都可以根据需要反复使用。
（3）没有必要每一项思考帽都使用。
（4）可以连续使用两项、三项、四项或者更多的思考帽。

以产品设计为例，可以在蓝帽思维的指挥下，运用白色思考帽陈述问题事实，用绿色思考帽提出如何解决问题的建议，然后用黄色、黑色思考帽从正反两个方面列举方案的优缺点，再用红色思考帽对各项选择方案进行直觉判断，最后用蓝色思考帽进行总结陈述，得出方案。

讨论组的成员必须遵循某一时刻指定的某一项思考帽的思考方法。只有小组的领导或者主持人才能决定使用什么思考帽。思考帽不能用来描述想说什么，而是用来指示思考的方向。维持这样的纪律非常重要，运用这样的方法一段时间后，人们就会发现遵循特定的思考帽思维容易多了。

六顶思考帽法为很多企业化解了危机。例如，1996年，欧洲最大的牛肉生产公司ABM公司由于疯牛病引起的恐慌一夜之间丧失了80%的收入。借助六顶思考帽法，12个人用60分钟想出了30个降低成本的方法和35个营销创意，将它们用黄色帽子和黑色帽子归类，筛选掉无用的后还剩下25个创意。靠着这25个创意，ABM公司度过了6星期没有收入的艰苦卓绝的日子。

六顶思考帽法还曾经拯救了奥运会的命运。1984年洛杉矶奥运会的主办者就是运用了六顶思考帽法的创新思维，使奥运会从烫手山芋变成了今天的炙手可热，并且获得了1.5亿美元的盈利。

再如，挪威的著名的石油集团Statoil，曾经遇到一个石油装配问题，每天都要耗费10万美元，引进六顶思考帽法以后，这个问题在12分钟内得到了解决，每天10万美元的耗费降低为零。

（四）使用六顶思考帽法应注意的事项

（1）理解每项思考帽的含义和要求，每次只能选一顶，扮演一种角色，只能从一个方向思考问题。

（2）既可以单独使用、多次使用，也可以团队同时使用一种颜色的思考帽。

（3）建议使用顺序：先用蓝色思考帽理清问题，再使用白色思考帽列出事实和数据，用绿色思考帽提出尽可能多的解决方案；红黑黄可以交替使用，如遇特殊场合，也可以灵活使用，黄色思考帽可以先于黑色思考帽使用，效果会更好。

（4）每个人都应该学会使用所有的思考帽，其中使用蓝色思考帽的要求相对较高。

（5）不要过多地使用黑色思考帽，否则会抑制创新热情。

（6）使用思考帽应有时间限定，以保证更多新设想的涌现。

创业导师点拨

"一小时的思考胜过一天的蛮干"，工作的过程就是思考的过程，所有的目标和计划都是思考的产物。运用六顶思考帽法这种平行思维技术可以帮助人们在分析问题的过程中通过变换思维角色进行创新。通过运用此方法，人们在思考问题的时候，有效地区分感性认识与理性认识，使得思维变得清晰，并针对目标问题进行全方位的剖析。

实践课堂

一、头脑风暴法练习

针对"如何让校园变得更环保"这个问题,以小组为单位,运用头脑风暴法进行讨论。

要求:

(1)5~10人一组,选出主持人和记录员各1名。

(2)按照前面所讲到的头脑风暴法实施的三大阶段进行会议的组织,并填写如下的《头脑风暴创意实践表》,活动时间控制在30~60分钟。

(3)各组派代表进行汇报总结。

(4)教师点评。

头脑风暴创意实践表

讨论主题:	
主持人:	记录人:
时间:	地点:
参与者及其专业背景	
列举出彩的创意设想	
会议总结(解决方案)	
此次收集的创意总数:	较为不错的创意个数:

续表

小组成员对会议的满意度	不满意： 人　尚可： 人 满意： 人　非常满意： 人
实践总结	

二、六项思考帽法练习

要求：

（1）分小组活动，6人一组，自拟主题，小组成员分别扮演不同的"帽子"。

（2）每个成员只能用自己的"帽子"思维来发言。

（3）一旦确定发言顺序，发言中不得打断、不得插话。

（4）活动可以进行多轮，直至得出大家都能接受的结果为止。

（5）可以用手机、计算机等工具查询需要用到的信息。

1. 作为主持人，提出讨论主题	蓝帽	
2. 陈述问题事实	白帽	
3. 提出如何解决问题的建议	绿帽	
4. 评估建议的优缺点——列举优点	黄帽	
5. 评估建议的优缺点——列举缺点	黑帽	
6. 对各项选择方案进行直觉判断	红帽	
7. 总结陈述，得出方案	蓝帽	

任务四　掌握常见的创新方法

2.5 什么是奥斯本检核表法？

学习加油站

一、奥斯本检核表法

（一）什么是奥斯本检核表法

奥斯本检核表法是美国创新技法和创新过程之父亚历克斯·奥斯本于1941年在出版的世界上第一部创新学专著《创造性想象》中提出的。奥斯本检核表法，又称分项检查法，是以提问的方式，根据创新或解决问题的需要，列出有关的问题，形成检核表，然后逐一对问题进行核对讨论，从而发掘出解决问题的大量设想的一种方法。

奥斯本检核表法主要引导主体在创新过程中对照9个方面的问题进行思考，以便启迪思路，开拓思维想象的空间，促使人们产生新设想和新方案，如表2-1所示。

表2-1　奥斯本检核表法

检核项目	含　义
能否他用	现有事物有无其他用途？保持不变能否扩大用途？稍加改变有无别的用途
能否借用	能否引用其他的创造新设想？能否从其他领域、产品、方案中引入新的元素、材料、造型、原理、工艺、思路
能否改变	现有的事物能否做些改变，如颜色、声音、味道、式样、花色、音响、品种、意义、制造方法？改变后效果如何
能否扩大	现有的事物能否扩大使用范围？能否增加使用功能？能否增加零部件以延长使用寿命？能否增加长度、厚度、强度、频率、速度、数量、价值
能否缩小	现有事物能否体积变小、长度变短、重量变轻、厚度变薄以及拆分或省略某些部分（简单化）？能否浓缩化、省力化、方便化
能否代用	现有事物能否用其他材料、元件、结构、设备、方法、符号、声音等替代
能否调整	现有事物能否交换排列顺序、位置、时间、速度、计划、型号？内部元件可否交换
能否颠倒	现有事物能否从里外、上下、左右、前后、横竖、主次、正负、因果等相反的角度颠倒过来用
能否组合	能否进行原理组合、材料组合、部件组合、形状组合、功能组合、目的组合

（二）奥斯本检核表法的实施步骤

奥斯本检核表法的突出特点是多向思维，即用多条提示引导发散思考。可以把9个思考点都试一试，也可以从中挑选一两条集中精力深思。具体实施步骤如下。

（1）根据创新对象明确需要解决的问题。

（2）参照奥斯本检核表法列出的9个问题，运用丰富的想象力，逐一核对讨论或集中某几条重点思考，写出尽可能多的新设想。

（3）对提出的新设想进行筛选，将最有价值和创新性的设想筛选出来，根据实际需要提出改进方案。

在练习和使用奥斯本检核表法的过程中，问题意识和想象力非常重要。若没有这两点，检核表的设问只是简单的语言启示，不可能产生广泛的联想，也就会降低创新的价值。

创业导师点拨

大部分人是不自觉地沿着长期形成的思维模式来看待事物，对问题不敏感，即使看出了事物的缺陷和毛病，也懒于去进一步思索，因而难以有所创新。奥斯本检核表法能使人们突破不愿提问或不善提问的心理障碍，在进行逐项检核时，强迫人们思维扩展，突破旧的思维框架，开拓创新的思路，有利于提高创新的概率。

二、5W2H 法

5W2H 法是从 5W1H 法发展而来的创新方法，又称七问分析法。它是对选定的项目、工序或操作，从对象（what）、场所（where）、时间（when）、人员（who）、原因（why）、方法（how）、多少（how much）等方面提出问题并进行思考。5W2H 法简单、方便，易于理解、使用，广泛用于企业管理和技术活动。对于决策和执行性的活动措施也非常有帮助，同时还能弥补考虑问题的疏漏。

码上学习——
5W2H 法示例

1. 对象（what）——什么事情

公司生产什么产品？车间生产什么零配件？是什么方法？是什么材料？是什么条件？是什么功能？

2. 场所（where）——什么地点

在哪里研究？在哪里试验？在哪里干？资源在哪里找？在哪里推广？

3. 时间（when）——什么时候

这个工序或者零部件是在什么时候开始干的？什么时候结束？什么时间是关键节点？能不能在其他时候干？把后面的工序提前做行不行？到底应该在什么时间干？

4. 人员（who）——责任人

这个事情是谁在干？由谁来主管、监督、协助？为什么要让他干？如果他极不负责任，脾气又很大，是不是可以换个人？

5. 原因（why）——为什么

为什么采用这个技术参数？为什么不能有变动？为什么不能使用？为什么变成红色？为什么要做成这个形状？为什么用机器代替人力？为什么非做不可？

6. 方法（how）——如何

如何做省力？如何做最快？如何做效率最高？如何改进？如何得到？如何避免失败？如何求发展？如何增加销路？如何达到效率？如何才能使产品更加美观大方？如何使产品用起来方便？

7. 多少（how much）——数量

功能指标达到多少？销售多少？成本多少？输出功率多少？效率多高？尺寸多少？重量多少？

> **创业导师点拨**
>
> 5W2H分析法既是一种系统的思维方式，也是一种应用工具。小到出门买菜大到创业、企业管理，通过这7步的拆解打开分析思路，精准定位问题，为个人或企业的良好发展打开基础。

三、组合创新法

（一）什么是组合创新法

组合创新法是指利用创新思维将已知的若干事物合并成一个新的事物，使其在性能和服务功能等方面发生变化，以产生出新的价值。自20世纪50年代以来，技术发展形势由单项突破转向多项组合，独立的技术发明相对减少，"组合型"的技术创新相对增多。

2.6 什么是组合创新法？

（二）组合创新的类型

1. 主体添加法

主体添加法是指以某种事物为主体，再添加另一种附属事物，以实现组合创新的技法。很多产品都是被采用这一技法创造出来的。例如，带烘干功能的洗衣机，带密码锁的防盗门，带摄像头的电视机等。

2. 焦点组合法

焦点组合法就是选定一个主题（已有事物或新事物），以它为焦点，运用发散、联想思维，寻找它可能与哪些事物组合在一起，从而构成一种新事物。例如，以牙刷为主题，应用超声波技术，就变成了清洁力超强的电动牙刷；添加音乐提醒功能，就变成了让儿童爱上刷牙的音乐牙刷。

3. 同类组合法

同类组合法是指将同类型或相似的事物组合，形成一种新事物的创新技法。组合对象的基本原理和结构在组合前后一般没有发生根本的变化，只是通过数量的变化来增加新事物的功能。例如，双色笔或多色笔、洗护套装、双层公共汽车、高层建筑、多级火箭等。

4. 异类组合法

异类组合法是指将两种或两种以上的产品、设想或技术思想进行有机组合,产生一种新的物品、设想或技术思想的技法。这种技法是将研究对象的各个部分、各个方面和各个要素联系起来加以考虑,从而在整体上把握事物的本质和规律,体现了综合就是创造的原理。异类组合法和主体添加法在形式上很相近,但又有区别,主体添加法是一种简单要素的补充,而异类组合法是若干基本要素的有机综合,例如,将钢筋、水泥、石子、水进行组合就形成了混凝土。异类组合不是杂乱无章的"大拼盘",而是有机结合。在艺术上的综合也不例外。例如,陈钢、何占豪将传统越剧优美的旋律与交响乐浑厚的表现方式完美结合,奏出了轰动世界的《梁祝》;徐悲鸿、蒋兆和将中西画功底与表现技巧巧妙结合,创造出丹青泼墨。

码上学习——中西美术理念的完美融合:"中国近代绘画之父"徐悲鸿

5. 重组组合法

任何事物都可以看作由若干要素构成的整体。各组成要素之间的有序结合,是确保事物整体功能和性能实现的必要条件。如果有目的地改变事物内部结构要素的次序,并按照新的方式进行重新组合,以促使事物的性能发生变化,这就是重组组合。例如,《史记·孙子吴起列传》中田忌赛马的故事就是运用重组组合法的一个典型例子。

(三)组合创新需要注意的问题

(1)组合要有选择性。世界上的事物千千万万,把它们一样一样不加选择地加以组合是不可能的,应该选择适当的物品进行组合,不能勉强凑合。

(2)组合要有实用性。通过组合提高效益、增加功能,使事物相互补充,取长补短,和谐一致。例如,将普通卷笔刀、盛屑盒、橡皮、毛刷、小镜子组合起来的多功能卷笔刀,不仅能削铅笔,还可以盛废屑、擦掉铅笔写错的字、照镜子,大大增加了卷笔刀的功能,很有实用性。

(3)组合应具创新性。通过组合要使产品内部协调,互相补充,相互适应,更加先进。组合必须具有突出的实质性特点和显著的进步,才具备创新性。例如,房车,又称"车轮上的家",兼具"房"与"车"两大功能;不仅有驾驶区域,同时还有起居区域、卧室区域、卫生区域、厨房区域等,是集"衣、食、住、行"于一身,带着"家"去看远方的风景,房车旅游成为居民消费新时尚。

创业导师点拨

组合是客观世界中十分普遍的现象,组合不仅处处有,它还创造了千姿百态的世界以及丰富多彩的生活。组合是无穷无尽、纷繁复杂的,组合的类型也是多种多样。组合创新能够涵盖生活的方方面面,人类巨大的创新潜力就包含在组合里。以组合为基础的创新活动,在所有创新实践中占据主导地位。

四、分析列举法

（一）什么是分析列举法

分析列举法是指运用发散性思维，将研究对象的本质内容（如特性、缺点、希望点）一一列举出来，尽可能地做到事无巨细，然后逐一对其进行分析研究，从中探求出各种创新方案。这种方法有利于人们克服对熟悉事物的思维惯性，重新审视并深入考察以获得事物的新属性，在原有的基础上提出改进意见和建议，从而产生创新。

（二）分析列举法的种类

1. 缺点列举法

1）什么是缺点列举法

缺点列举法就是通过发散思维，发现和挖掘事物的缺点，并把它的缺点一一列举出来，然后通过分析，找出其主要缺点，据此提出克服缺点的课题或方案。每发现一个缺点、提出一个问题，就找到了创新发明的课题。它一方面可用于对老产品的改进上，也可用在对不成熟的新设想、新产品做完善工作，另一方面还可用于企业的经营管理方面等。

例如，一些企业研发了智能行李箱克服了传统行李箱拖行久了让人疲惫这一缺点，配备动力结构，能在电能的驱动下移动，解放旅行者双手；智能旅行箱同时还设计有 USB 充电口、炫彩呼吸灯等个性化功能。

2）缺点列举法的开展形式

（1）会议法。每次召开由 5~9 人参加的缺点列举会。会前由主管部门针对选定事物，确认一个需要改进的主题，要求与会者围绕此主题穷尽各种缺点，越多越好。记录员将提出的缺点记录在一卡片上编号，从中挑选出主要缺点，并针对这些缺点制定出切实可行的革新方案。为提高会议效率，每次会议的时间控制在 60~120 分钟，会议的主题宜小不宜大。

（2）用户调查法（用户至上原则）。企业改进产品时，使用缺点列举法可以与征求用户意见结合起来，通过销售、售后服务、意见卡等渠道广泛征集。用户提出的意见有时是生产设计人员所不易想到的。

（3）对照比较法。俗话说"不怕不识货，就怕货比货""尺有所短、寸有所长"。将需改进的产品与同类产品集中在一起，从比较中找不足，甚至对名牌产品吹毛求疵，找到能改进的点。利用此方法开发新产品起点高，跨度大，且容易成功。

3）缺点列举法具体操作流程

（1）列举缺点阶段（列缺点）。召开专家会议，启发大家找出分析对象的缺点。如探讨技术政策的改进问题，会议主持者应就以下几个问题启发大家：现行政策有哪些不完善之处？在哪些方面不利于科学技术进步和科技转化为生产力？科技劳动人员积极性不高与现行的技术政策有关吗？等等。寻找事物的缺点是很重要的一步，缺点找到了，就等于在解决问题的道路上走了一半。

（2）探讨改进政策方案阶段（定方案）。在这一阶段，会议主持者应启发大家思考存在上述缺点的原因，然后根据原因找到解决的办法。会议结束后，应按照"缺点""原因""解决办法"和"新方案"等项列成简明的表格，以供下次会议或撰写政策分析报告用，也可从中选择最佳政策方案。

4）缺点逆用法

缺点逆用法是指针对某事物的错误、失误、缺陷等不足之处，采取化弊为利或将错就错的创新方法。这是一种"变害为利"的创新技法。缺点逆用法操作流程如图2-4所示。

图 2-4　缺点逆用法操作流程

启智润心

世界上的事物都具有两重性，优点与缺点、正确与错误都是相对的概念。缺点列举法是通过找出现有事物的缺点，想方设法把它克服掉，使之成为更为完善的事物，通常是一种改良型的创造。而缺点逆用法则是在利用缺点甚至扩大缺点的过程中获得新的事物，可能会创造出一些开创性的产品或方法。因此，采用缺点逆用法进行发明创造，往往会有惊喜的收获。

2. 希望点列举法

1）什么是希望点列举法

希望点列举法是一种不断地提出"希望""怎么样才会更好""如果能这样该多好"等理想和愿望，进而探求解决问题和改善对策的技法。

2）希望点列举法的实施步骤

希望点列举法的实施主要有三个步骤，如图2-5所示。

用希望点列举法进行创造发明的具体做法是：召开希望点列举会议，每次可有

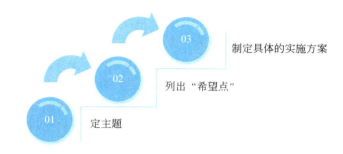

图 2-5　希望点列举法

5~10 人参加。会前由会议主持人选择一件需要革新的事情或者事物作为主题，随后发动与会者围绕这一主题列举出各种改革的希望点。为了激发与会者产生更多的改革希望，可将每个人提出的希望用小卡片写出，公布在小黑板上，并在与会者之间传阅，这样可以在与会者中产生连锁反应。会议一般举行 1~2 小时。产生 50~100 个希望点，即可结束。会后将提出的各种希望进行整理，从中选出目前可能实现的若干项进行研究，制定出具体的革新方案。

3）使用希望点列举法应注意的事项

（1）由希望点列举法获得的发明目标与人们的需要相符，更能适应市场。

（2）希望是由想象而产生的，思维的主动性强，自由度大，所以，列举希望点所得到的发明目标含有较多的创造成分。

（3）列举希望时一定要注意打破定势。

（4）对于希望点列举法得到的一些"荒唐"意见，应用创造学的观点进行评价，不要轻易放弃。

课堂讨论

希望点列举法和缺点列举法有哪些区别与联系？

实践课堂

码上学习——希望点列举法和缺点列举法的区别与联系

一、奥斯本检核表法练习

运用奥斯本检核表法对下列产品或事物（任选一题）进行分析并提出解决方案，填写下列表格，鼓励附上产品改造草图。

1. 枕头　2. 眼镜　3. 自行车　4. 汽车　5. 手机　6. 残疾人专用品

7. 老人专用品

注意事项：

（1）要借助联想、发散等思维形式，训练时要聚精会神、紧张快速。

（2）不必考虑思考结果是否正确。

（3）一旦找不到新的思路，就转入下一个步骤。

检核项目	各种发散性设想	初 选 方 案
能否他用		
能否借用		
能否改变		
能否扩大		
能否缩小		
能否代用		
能否调整		
能否颠倒		
能否组合		

产品改造草图

二、组合创新法练习

实训目的：运用组合创新法产生新的产品或事物。

实训内容：从以下众多词汇中挑选出 4~5 个词汇为一组，进行组合，创造出一种新的产品或事物，并把你的组合创意写在下方。

> 健康 书 民宿 低碳 头发 大学生 老年人 服装 农场 树木
> 非遗传承 音乐 美妆 社区 上班族 直播 英语 魔术 篮球 未成年人
> 火锅 孕妇 宠物 大龄青年 摄影 科技 鼠标 肥胖人群 汽车 咖啡 公园
> 机器人 游戏机 VR眼镜 近视镜 共享 未来 自助 露营 盲盒 社恐人群

你的组合设想的具体创意：_____
_____
_____
_____
_____
_____
_____
_____
_____

项目二考核评价

评价阶段	评价内容	分值	学生自评	小组互评	教师评价	平台数据	备注
课前探究	微课视频完成度	10					
	即练即测	10					
课中实训	任务1实训完成情况	15					
	任务2实训完成情况	15					
	任务3实训完成情况	15					
	任务4实训完成情况	15					
课后拓展	码上学习完成度	10					
	巩固提升	10					
项目二总评得分			学生签名				

注：1. 平台数据完成的打"√"，未完成的打"×"。

2. 项目评价分值仅供参考，教师可以根据实际情况进行调整。在本项目完成之后，采用过程性评价与结果性评价相结合，综合运用自我评价、小组评价和教师评价3种方式，由教师确定3种评价方式分别占总成绩的权重，计算出学生在本项目的考核评价的最终得分。

课后思考题

1. 如何突破思维定势？
2. 创新思维有哪几种类型？各有什么特征？
3. 如何组织一场头脑风暴会？
4. 如何用缺点列举法对行李箱进行改造？

书香致远

1. 路风. 走向自主创新：寻求中国力量的源泉 [M]. 北京：中国人民大学出版社，2019.

2. 蒋里，福尔克·乌伯尼克尔. 斯坦福设计思维方法与工具 [M]. 北京：人民邮电出版社，2022.

3. 爱德华·德博诺. 六项思考帽：如何简单而高效地思考 [M]. 北京：中信出版社，2016.

复盘反思

哪些内容让你印象深刻?	你获得了哪些方法和能力?
学习中的困惑有哪些?	接下来你可以采取哪些行动提升?

项目三
众人拾柴火焰高
——创业者自我评估及创业团队组建

项目导入

一位创新创业的教育专家曾说过，一个人要做成一件事，就要有"疯子"的梦想，加上"傻子"的坚持；要有"农民"的踏实，加上"猎人"的本领。这是对创业者最形象的诠释。大学生在决定创办一家企业前，需要先对自我进行全面的评估，考察自身是否具备创业的可能性，并基于实际情况不断提升自己的创业素质和能力。一旦决定创业，你要想跑到终点，仅靠个人的素质和能力是远远不够的。当今已经不是一个单打独斗的时代了，一个人再完美，也就是一滴水；一个优秀的团队却是一片汪洋大海。所谓众人拾柴火焰高，只有抱团取暖才能够各取所需，实现共赢。因此，如果想要让事业得到长足发展，获得更大利益，则需要拥有开放的心态，寻找一群志同道合、优势互补的合作伙伴，组建一支具有战斗力的创业团队，让创业之路走得更稳、走得更远。

本项目将带领大家认识什么是创业者和创业团队，并学习创业者自我评估的方法以及如何组建创业团队。

学习目标

知识目标：
1. 理解创业者的内涵；
2. 理解创业团队及创业精神的内涵；
3. 掌握创业者必备的素质与能力；
4. 熟悉新创企业的组建原则和步骤；
5. 掌握创业团队的9种角色特征；
6. 了解创业团队的管理技巧。

能力目标：
1. 能够对自身的创业素质和能力进行自我评估；
2. 能够根据实际情况，组建并管理一支创业团队；

3. 能够运用贝尔宾团队部角色测试来认知自己在团队中的定位。

素质目标：
1. 激发创新创业的意识，弘扬企业家精神；
2. 培养团队凝聚力，激发互助协作、上下同心、顾全大局的团队精神。

创客先锋

大学生返乡创业传承非遗，助母圆梦带动乡亲增收

李珅是哈尔滨市呼兰区一名返乡创业的大学生，毕业于哈尔滨师范大学英语教育专业，她的创业路要从她的母亲说起。

母亲程雪杰是一名普通的农村家庭妇女，也是非物质文化遗产（简称非遗）纳鞋底儿手工技艺第四代传承人。为了将这门手艺继续传承下去，母亲成立了哈尔滨市足必须手工制品专业合作社，带动了周边群众300余人。由于缺乏完善的经营理念和营销模式，很快产品在销售上遇到了难题，创业花光了家里所有的积蓄。面对诸多困难，母亲依旧不改创业初心。李珅被母亲的执着所感动，2014年，她放弃在北京优越的工作，终止了白领职场梦，踏上帮助母亲实现创业梦的路程。

酒香也怕巷子深，如何提高知名度，成了销售的当务之急。在一次展会中，李珅以真人现场制作的形式展示，受到了各级领导的关注、消费者的瞩目，多家媒体竞相采访，一时间电视、报纸、网络纷纷报道。趁热打铁，李珅迅速将产品入驻淘宝、京东等多家电商平台，通过线上扩大了销售，当年的销售量就达到了20万双。

在传承非遗的同时，李珅大力发展绿色农业，改良土壤，调整种植结构，注册"老一套""程雪杰老一套"商标。为了满足市场需求，将产品由传统的大包装改成半斤的小包装，满足"家庭人口少可以一次性吃完"的需求，还能解决南方气候潮湿产品开封后不易保存的弊端。让人没想到的是一个包装的改变，竟带来了销量翻倍的提升——当年的销售额达到80万元，2018年初试的富硒水果萝卜、白菜线上成交5000斤。

2017年，李珅成立了老一套文旅农业科技有限公司，在传统电商销售模式的基础上，建立微信公众账号、微信商城，利用时下最为流行的自媒体推广平台，通过线上引流、线下体验、带动线上销售的方式推广品牌，打造知名度。2018年在省、市电商大赛中取得优异成绩。

如今，李珅又在线上线下增加了扶贫农产品模块，销售自身产品的同时，帮助农村有困难的家庭销售农产品，助其增收。她想带动更多有困难的人，为其增收创收，助力乡村振兴，打造美丽乡村。

（资料来源：吴利红，杨桂华.看龙江"新农人"；手机变身"新农具"，直播成为"新农活"[N/OL].黑龙江日报，2021-10-10.）

思考： 结合上述案例，谈一谈李珅身上有哪些创业者的素质和能力值得我们学习。

任务一　创业者的自我评价

3.1 认识创业者

一、创业者的内涵

创业者一词由法国经济学家坎蒂隆于 1755 年首次引入经济学。1800 年，法国经济学家坎迪隆首次给出了创业者的定义，他将创业者描述为将经济资源从生产率较低的区域转移到生产率较高区域的人，并认为创业者是经济活动过程中的大代理人。著名经济学家熊彼特认为创业者应为创新者，这样，创业者概念中又加了一条，即具有发现和引入新的、更好的、能赚钱的产品、服务和过程的能力。在欧美学术界和企业界，创业者被定义为组织、管理一个生意或企业并承担其风险的人，创业者的对应英文单词为 entrepreneur，它有两个基本含义：一是指企业家，即在现有企业中负责经营和决策的领导人；二是指创始人，通常理解为即将创办新企业或刚刚创办新企业的领导人。香港创业学院院长张世平对创业者的定义是：创业者是一种主导劳动方式的领导人，是一种无中生有的创业现象，是一种需要具有使命、荣誉、责任能力的人，是一种组织、运用服务、技术、器物作业的人，是一种具有思考、推理、判断能力的人，是一种能使人追随并在追随的过程中获得利益的人，是一种具有完全权利能力和行为能力的人。

综上所述，本教材认为创业者是指某一个能够发现某种信息、资源、机会或掌握基种技术，利用或借用相应的平台或载体，将其发现的信息、资源、机会或掌握的技术，以一定的方式，转化、创造成更多的财富、价值，并实现某种追求或目标的人。

二、创业动机及其分类

（一）创业动机的含义

创业动机是指引起和维持个体从事创业活动，并使活动朝向某些目标迈进的内部动力，它是鼓励和引导个体为实现创业成功而行动的内在力量。通俗讲，创业动机就是有关创业的原因和目的，即为什么要创业的问题。行为心理学认为："需要产生动机，进而导致行为。"创业的直接动机就是需要。创业动机是推动个体或群体从事创业实践活动的内部动因，是使主体处于积极心理状态的一种内驱力，具有较强的选择性、倾向性和主观能动性。

（二）创业动机的分类

1. 生存的需要

首先，一部分学生因为家庭经济条件不大好，需要自力更生，他们会利用课余时间打工赚取一些学费和生活费。在打工的过程中有一部分具有创业潜质的人会发现商机并且去把握它，开始走上了创业道路。

其次，有一部分学生具备较强的自主能力，想要自己独立承担学习、生活费用，在他们中也产生了一定数量的创业先行者。这部分创业者通常以学习为主要目的，从事一些专业、兴趣相关的创业活动。

2. 积累的需要

随着年龄的增长，以及对外部世界的深入接触，有些学生想要丰富自己的社会阅历，以锻炼自身为主要目的，为自己未来的发展打下基础。在时机、条件成熟的情况下，这部分学生也会走上创业的道路。

3. 自我实现的需要

大学生所处的环境，使他们有机会接触一些新的发明和学术上的新成果，有些学生甚至会拥有具有自主知识产权的科研成果，这些成果可以促进社会的发展和进步。他们通过创业来实现人生价值，做出一番对国家、对人民有益的事业。

4. 就业的需要

当前，我国大学毕业生逐年增加，受社会、经济等多种原因的影响，大学生就业形势严峻，一方面表现为需求不足，另一方面表现为大学毕业生的工资待遇降低。在这种情况下，如不能找到一份自己满意的工作，有一部分大学生开始选择创业。

课堂讨论

什么样的人不适合创业？

码上学习——不适合创业的人的6种倾向有哪些？

3.2 创业者需要具备哪些素质？

三、创业者必备的基本素质

（一）心理素质

（1）坚定的创业信念。首先，要有创业成功的自信。一个人如果连自己都不相信能创业成功，他是不可能去争取和追求的。其次，要有创业的责任感。现代大学生应担当创业重任，上为国家做贡献，下为自己谋出路。最后，要有逆境中创业永不言败的创业精神。

（2）积极的创业心态。积极的创业心态能发现潜能、激发潜能、拓展潜能和实现潜能，进而帮助他获得事业上的成就和巨大的财富。积极的创业心态包括：一是拥有巨大的创业热情；二是要清除内心障碍；三是要努力克服困难、创造条件变不可能为可能。

（3）顽强的创业意志。创业意志是指个体能百折不挠地把创业行动坚持到底以达到目的的心理品质。创业意志包括：一是创业目的明确；二是决断果敢；三是具有恒心和毅力。

（4）鲜明的创业个性。大凡创业成功者，一般都有鲜明独特的个性品质。一是敢冒风险。创业的价值就在于创造出自己独特的东西，要敢于冒风险，敢于走前人和别人没有走过的路。敢冒风险是理智基础上的大胆决断，是自信前提下的果敢超越，是新目标面前的不断追求。二是痴迷。对目标如痴如醉，全身心融进创业行动之中。三是独立自主。独立自主地解决困难和问题，不受各种外来因素的干扰。

启智润心

重燃温州"四千精神"

2023年3月13日，十四届全国人大一次会议在北京人民大会堂举行记者会，国务院总理李强出席并回答中外记者提问。当面对新加坡《联合早报》记者的提问时，李强总理表示，希望民营企业家大力弘扬优秀企业家精神。他还提到当年江浙等地发展个体私营经济、发展乡镇企业时，创造的"四千精神"——走遍千山万水、说尽千言万语、想尽千方百计、吃尽千辛万苦。虽然现在创业的模式、形态发生了很大的变化，但是当时那样一种筚路蓝缕、披荆斩棘的创业精神，是永远需要的。

李强总理口中的"四千精神"，正是当年温州人闯市场的生动写照。温州在改革开放初期的发展靠什么？说到底，就是靠这个"四千"。温州偏居一隅，面海靠山，没有资源，没有"出路"。所以，温州人就靠这最简单的行头，靠祖辈传承的手工艺四海为家。进入20世纪80年代，随着市场经济萌芽，上百万温州人行走在全国各地，然后开疆拓土、落地生根。走遍千山万水，是为自己寻求一个适宜的舞台。那时的民营企业，像只自己觅食的飞鸟，只身闯荡四方。想尽千方百计，是想别人所不敢想，做别人所不敢做，以创新思维把握每一次机遇，逢山开路，遇河架桥。说尽千言万语，讲究"和气生财"，做到能屈能伸。只要在法理之中，就无所不尽其能。吃尽千辛万苦，"创业艰难百战多"，白天当老板，晚上睡地板。1985年，上海的《解放日报》首次提出"温州模式"这个概念，催生这种模式的就是"千山万水、千方百计、千言万语、千辛万苦"的"四千精神"。

其后，又有了"自主改革、自担风险、自强不息、自求发展"的"四自精神"，有了"敢为人先、特别能创业"的温州人精神，由此形成特色鲜明的温州精神。"四千精神"，很形象概括了温州人在市场经济萌发期的敢闯敢拼和敢想敢干。尽管经历40多年风风雨雨，创业条件、发展环境已经发生了很大变化，但这种难能可贵的创业精神却是永恒的财富，也给了每一位大学生很好的启示。不管未来是就业还是创业，我们都要不忘初心，始终保持敢闯敢试、勇立潮头的精神追求。

（资料来源：一见. 重燃温州"四千精神". [N/OL]. 温州日报，2023-3-14.）

（二）知识素质

（1）行业知识。行业知识是行业内通行的知识，是创业者进入该行业的基础，如果创业者没有深厚的行业知识和行业背景，很难摸清行业现状，并准确预测行业未来的发展趋势。

（2）管理知识。创业者很多时候也要扮演企业的管理者，掌握管理知识是非常重要的。管理知识包括组织管理、人力资源管理、财务管理、市场营销、战略管理等方面的知识。大学生可以通过阅读书籍、参加管理培训、听取专业讲座等方式来学习管理知识。此外，还可以加入管理学会或组织，与其他管理者交流学习心得，共同进步。

（3）综合知识。综合知识是创业者多方面知识的积累，能体现创业者的人文素养，以及独特的气质和个人魅力，广博的知识面也能使创业者更好地与他人沟通。

（三）身体健康

身体是革命的本钱，创业是一场持久战，是对创业者身体和心理的长期挑战。创业过程中，创业者往往会遭遇饮食不规律、休息不足、劳累过度、压力过大等情况，这都是对身体素质的考验。一旦创业者的身体出现问题，不能再继续管理团队和公司，那么创业团队就会失去主心骨，从而引起一系列严重的后果。

四、创业者必备的能力

（一）专业能力

专业创业是大学生创业的一条特色之路。对于打算创业，但创业资金不够雄厚的大学生来说，采取加强技术创新和开发具有独立知识产权的产品的方式，可以吸引投资人，获取创业资金。

3.3 创业者需要具备哪些能力？

（二）洞察能力

洞察能力是指全面、正确、深入地分析与认知客观现象的能力。创业需要洞察、发现和解决需求。因此，创业者如果缺乏对市场、产品、消费者和竞争者的洞察，就不能全面深入地分析和挖掘事物，从而导致抓不住创业的关键问题，致使创业失败。

（三）协作能力

俗话说，"一个好汉三个帮"，创业仅仅靠一个人单枪匹马是很难的，需要有一个出色的团队作为支撑。因此，大学生可以联络周边与自己有共同创业想法的同学或朋友，各司其职，各显神通，共同面对挑战。

（四）沟通能力

沟通能力是团队合作的基础，创业者作为团队的核心人物，尤其需要和外部、内部沟通并协调团队成员的工作。缺乏沟通能力的创业者无法有效地调动整个团队。

（五）领导能力

创业者作为企业的"领头羊"，必须具备领导才能和人格魅力。一个出色的创业团队的产生，是因为有一位优秀的领导者。领导能力与行业知识、人际关系、技能、信誉以及进取精神等多个方面相关。除了平时学好专业知识外，大学生可以多参加学校组织的团体和社会实践活动，如学生会、班委会、大型比赛等，锻炼领导能力。

（六）社交能力

对于创业者来说，利用人脉扩大社交圈，通过朋友掌握更多的信息、寻求更大的发展，是成功创业的捷径。尤其是随着互联网、移动社交时代的发展，创业者的社交能力变得越来越重要。

（七）管理能力

管理能力是指创业者在创业活动中通过运用人力、财力、物力等资源，来达到团队良好运作、为公司创造价值的能力。拥有良好的管理能力的创业者能够使团队合作顺利、资源配置合理。创业者如果缺乏管理能力，企业可能会面临业务开展缓慢、财务治理混乱、产品质量难以保证、客户满足度低等问题。

（八）创新能力

创业的本质是创新，没有创新意识和观念、因循守旧的人是很难创业成功的。创业者要必须敢于开拓创新，不断汲取新的知识和信息，改进完善现有的产品或服务，更好地满足市场需求。

实践课堂

创业素质和能力自我测评

实训目的：一个成功的创业者要具备很强的心理素质、道德素质和专业素质。你是否具备这样的素质？通过下面的活动，能够使你对自己所具备的创业素质有一个基本的了解。

实训内容：

（1）表3-1至表3-11是有关创业者素质的测评表，各表中的A栏和B栏均有一些表述。如果A栏中的表述更符合自身的情况，请在其右侧的空格中填写2（表示得2分）；如果B栏中的表述更符合自身的情况，则在相应项目右侧的空格中填写2。填写完毕，对每项的得分进行加总求和。在进行自我评价时，一定要实事求是。

（2）自我测试后，请你的同学或朋友利用上面的表格再对你进行一次评价，比较两次评价的结果，能够更加客观、准确地评价你的创业素质。

（3）写一份创业潜质自评报告，针对自身不具备的创业素质要写出具体的改进措施。

表 3-1　独立自主素质测评

A	B	
我不惧怕问题，因为问题是生活的组成部分，我会想办法解决每一个问题	我发现解决问题很难。我害怕这些问题，或者干脆不想它们	
我不会等待事情的发生，而是努力促使事情发生	我喜欢随波逐流并等待好事降临	
我总是尝试做一些与众不同的事情	我只喜欢做我擅长做的事情	
在行动上很少受他人影响和支配，能将自己的主张和决策贯彻到底	在行动上会受他人影响，觉得对方意见好，就会按照别人的想法去做	
当我遇到困难时，我会尽全力去克服困难	当我遇到困难时，我会试图忘掉它们，或等待其自行消失	
总　　计	总　　计	

表 3-2　冒险素质测评

A	B	
我坚信，要在生活中前进必须冒风险	我不喜欢冒风险，即便有机会得到很大的回报也是这样	
我认为风险中也蕴含机会	如果可以选择，我愿意以最稳妥的方式做事	
我只有在权衡了利弊之后才会冒风险	如果我喜欢一个想法，我会不计利弊地去冒风险	
即使投资于自己企业的资金亏掉了，我也愿意接受这样的现实	投资于自己企业的资金可能会亏掉，我难以接受这样的现实	
不论做任何事，就算我对这件事有足够的控制权，我也不会总是期待完全控制局面	我喜欢完全控制自己所做的事情	
总　　计	总　　计	

表 3-3　顽强执着、坚定信心素质测评

A	B	
即使面对极大的困难，我也不会轻易放弃	如果存在很多困难，真的不值得为某些事去奋斗	
我不会为挫折和失败沮丧太久	挫败和失败对我的影响很大	
我相信自己有能力扭转局势	一个人能力有限，运气起很大的作用	
如果有人对我说不，我会泰然处之，并会尽最大的努力改变他们的看法	如果有人对我说不，我会感觉很糟并会放弃这件事	
在危急情况下，我能保持冷静并找出最佳的应对办法	当危机升级时，我会感到慌乱和紧张	
总　　计	总　　计	

表 3-4　诚信品质测评

A		B	
我言行相符，我所做的即是我心里所想的		我所想的和我表现出来的行为往往不相符	
在路上拾到钱包后会主动归还给失主		在路上拾到钱包后据为己有	
乘坐公共汽车或地铁时从不逃票		常常为逃票而沾沾自喜	
对别人承诺的事情一定要做到		会经常因为某些原因而未能履行对他人的承诺	
认真完成老师布置的每一次作业		觉得作业完成得差不多就行，没必要追求精益求精	
总　　计		总　　计	

表 3-5　责任心品质测评

A		B	
在公交车上，见到老人会主动让座		在公交车上见到老人上车，视而不见	
外出时，若找不到垃圾桶，会把垃圾带回家		外出时，若找不到垃圾桶，随便找个隐蔽的地方将垃圾扔掉	
节省开销，尽力为父母、为家庭减轻负担		只要是自己喜欢的就会购买，从不考虑自身的经济实力	
经常帮助有困难的同学和朋友		很少帮助有困难的同学和朋友	
发奋学习专业知识，学习各种技能		学习不是首要的事，经常和同学逛街、上网、唱歌	
总　　计		总　　计	

表 3-6　守法律己品质测评

A		B	
有令必行，敢于担当		做事找借口，推卸责任	
在生活和学习中严格要求自己		差不多就行，从不严格要求自己	
严格遵守校纪校规		经常违反校纪校规	
熟悉法律，依法办事		不了解法律，触犯法律自己却不知情	
能控制自己的情绪、行为和习惯		不能控制自己的情绪、行为和习惯	
总　　计		总　　计	

表 3-7　勤劳节俭品质测评

A		B	
花钱有计划，合理分配每月的生活费		每月的生活费都不够花	
爱惜粮食、不挑食、不剩饭		经常将吃不完的饭菜扔掉	
出门关灯、关水		出门后忘记关灯、关水	
会节省开销		只要是自己喜欢的就会购买	
不与别人比吃穿		别人有的，我也要有	
总　　计		总　　计	

表 3-8　专业能力测评

A		B	
热爱自己所学的专业		对自己所学的专业毫无兴趣	
努力学习专业知识，学习各种技能		学习不是首要的事，经常和同学逛街、上网、唱歌	
除了学习课本上的知识外，还经常参与课外实践		很少参与课外实践	
一次性通过各科考试，没有"挂科"的现象		偶尔会有"挂科"的现象	
精通自己所学的专业		对专业知识一知半解	
总　　计		总　　计	

表 3-9　社交能力测评

A		B	
我与别人沟通得很好		我与别人沟通有困难	
很喜欢当众演讲		为自己的演讲水平不佳而苦恼	
喜欢结交朋友，参加社交活动		朋友很少，很少参加社交活动	
愿意做会议主持人		想到要做主持人就发怵	
喜欢在宴会上致祝酒词		不喜欢在宴会上致祝酒词	
总　　计		总　　计	

表 3-10　管理能力测评

A		B	
喜欢做大型活动的组织者		不擅长大型活动的组织	
做事情有计划，无论何时何地，都能有目的地行动		做事情没有计划，想到什么就做什么	
一旦需要做出决定，我常能尽快地做出决定做什么		我尽可能推迟做决定的时间	
能经常思考对策，扫除实现目标的障碍		很少进行思考和总结	
能严格约束自己的行动		不能严格约束自己的行动	
总　　计		总　　计	

表 3-11　创新能力测评

A		B	
我擅长讲笑话、说趣事		我不擅长讲笑话、说趣事	
有想法，喜欢尝试新事物		从来不做那些自寻烦恼的事	
遇到问题能从多方面探索它的可能性，而不是拘泥于一条死路		认为按部就班、循序渐进才是解决问题的方法	
不拘泥于一成不变的生活		喜欢传统的、稳定的生活方式	
总是想办法说服别人接受自己的观点		喜欢接受别人的观点，而不是说服他人接受自己的观点	
总　　计		总　　计	

你的得分：将每项创业素质的总分分别填入表3-12中A栏和B栏对应的空格内，然后依据得分在其右侧相应的空格内打"√"。如果你A栏中某一项素质的得分为6~10分，说明它是你的强项，请在"强"下方的空格内打"√"；如果你A栏中某一项素质的得分为0~4分，说明你相应的能力不太强，请在"不太强"下方的空格内打"√"。如果你B栏中某一项素质的得分为0~4分，说明你的这项素质或能力有点弱，请在"有点弱"下方的空格内打"√"；如果你B栏中某一素质的得分为6~10分，说明这一能力是你的弱项，请在"弱"下方的空格内打"√"。若A栏的得分高，说明你在创立和经营企业方面获得成功的概率比较大。

码上学习——
创业素质和能力
自我测评分析

表3-12 创业素质评价表

素 质	A	强（6~10分）	不太强（0~4分）	B	有点弱（0~4分）	弱（6~10分）
独立自主						
敢于冒险						
顽强执着、坚定信心						
诚实守信						
责任心						
守法律己						
勤劳节俭						
专业能力						
社交能力						
管理能力						
创新能力						

1. 我的测评结果：

2. 通过前面的自我评估与测试，我们大概了解了哪些技能和素质是自己的弱项，甚至是自己的短板。下一步，我们要考虑采取什么积极措施来改变这些弱项，增强自己的创业能力。

任务二 认识创业团队与团队精神

学习加油站

3.4 个人创业 VS 团队创业，哪种更易成功？

3.5 认识创业团队

一、创业团队的内涵

创业团队是由两个及两个以上的创业者组成，具有共同的创业理念和共同的价值追求，愿意共同承担风险、共享收益，为了实现创业目标而形成的正式或非正式组织；也可以称为利益共同体。

创业团队成员要多元化，成员之间的优势要能互补而非叠加。优势互补既要有性格上的互补，也要有技能、专业、特长方面的互补，还要有人脉资源上的互补，使得整个团队社会资源合并在一起进行重新整合的时候，所发挥的效用将数倍增大。因此创业团队在成员构成上要把握三个"共同"和三个"互补"，即创业理念和目标相同、价值观相同、金钱观相同，性格互补、能力互补、资源互补。

课堂讨论

如果把世界上的创业团队比作螃蟹团队、野牛团队、大雁团队，你愿意加入哪个团队？为什么？

3.6 由大雁团队带来的创业启示

二、创业团队的特质

（一）共同的创业理念

共同的创业理念不仅决定了团队创业的目标、创业团队的性质及创业的行为准则，其也是形成团队凝聚力和合作精神的基础。拥有共同的创业理念和价值追求，才能建立良好心理契约关系，维持团队的稳定发展。

3.7 优秀的创业团队应该有哪些特质？

（二）共同的目标

创业团队需要有一个共同的既定目标，为团队成员指明前进和奋斗的方向。在初创企业成立初期，目标常体现为初创企业的愿景、战略等形式。

（三）异质性团队

团队成员在技能、经验或是人文因素上要具有差异性。技能具体包括创业者受教育程度、所学专业、掌握的技术等，经验包括个人的工作经历、专长、产业背景知识等，人文因素主要指创业者的性别、年龄、民族等方面。创业团队的异质性能起到相互补充和平衡的作用，团队成员可以从不同的角度分析和解决问题，提高团队工作的效率和创业成功率。

（四）明确的定位

创业团队的定位一方面指创业团队在初创企业中所处的位置，创业团队对谁负责等；另一方面指团队成员在创业团队中扮演的角色。只有定位明确，创业团队才能发挥它的力量。

（五）合理的计划

计划是创业团队的行动指南，也是实现创业目标的保障。创业团队的成员在制订计划时要充分考虑创业企业内外部环境，企业自身优势、劣势等各方面的因素，其不仅要服务于创业团队短期的目标，还要有利于创业企业长期战略目标的实现。

课堂讨论

大学生创业如何选择合伙人？

码上学习——
大学生合伙创
业失败案例

创业导师点拨

选择合伙人时，除了有共同的志向，还需具备互补性，除了个性互补、资源互补，也包括知识能力结构的互补。要充分发挥大学生的知识优势，而不只是眼前的大学校园优势。大学生合伙人不能只凭着一股热情去做事，应理性地看待创业项目。例如在选择创业领域时，应对市场进行充分调研，结合找准自身的竞争力，才能在创业战场上立足，真正成就"中国合伙人"。

三、团队精神的内涵

一个人没有团队精神难成大事；一个企业没有团队精神将成为一盘散沙；一个国家如果没有团队精神将难以强大。什么是团队精神？团队精神就是指团队成员在领导的指挥和带领下，相互沟通交流协同一致为共同的愿景而努力奋斗的精神。核心是协同合作；最高境界是向心力和凝聚力空前增强，团队成员之间相互信任，个体与集体利益相互统一，促使团队和企业高效运转。团队精神的内涵包含三个方面。

（1）凝聚力。每个团队成员都能够强烈地感受到自己是团队当中的一分子，团队对成员的吸引力很强。

（2）上下同心。团队成员中的每个人，都有共同的目标和责任。

（3）顾全大局。在团队中，每个人的想法、观念都不一定相同，但为了长远的目标、集体的利益和团队的大局，其团队成员要学会为团队考虑，甚至要舍弃个人利益服从大局。

启智润心

在英国，曾有一位科学家把一盘点燃的蚊香放进蚁巢。开始时，巢中的蚂蚁惊恐万状，不知所措。过了十几分钟后，便有许多蚂蚁纷纷向蚊香冲去，对着点燃的蚊香喷射出自己的蚁酸。虽然一只蚂蚁能射出的蚁酸量十分有限，而导致蚁群中的一些"勇士"葬身火海，但是它们前仆后继，几分钟便将火扑灭了。活下来的蚂蚁将战友们的尸体移送到附近的一块墓地，盖好了薄土，安葬了。

过了一段时间，这位科学家又将一支点燃的蜡烛放到那个蚁巢里。虽然这一次的"火灾"更大，但是这群蚂蚁已经有了上一次的经验，它们很快便组建了一个灭火队伍，有条不紊地"作战"。不到一分钟，烛火便被扑灭了，而蚂蚁无一殉难。

虽然蚂蚁个头矮小，貌不出众，但它们是世界上最团结的动物。作为社会性动物的人，要学习蚂蚁的团队精神，紧密团结，彼此合作，从而实现个人和团队的目标。

四、创业团队的类型

（一）"核心型"创业团队

"核心型"创业团队又称"星状"创业团队。在"核心型"创业团队中，一般由一个核心人物，通常是创业者本人充当领袖角色。"核心型"创业团队具有以下几个显著的特点。

（1）组织结构紧密，向心力强，核心人物对团队中其他成员的影响巨大。

（2）决策程序相对简单，组织效率较高。

（3）容易形成权力过分集中的局面，出现"一言堂"，从而增加决策失误的风险。

（4）当组织内发生冲突时，核心人物的特殊权威往往使其他团队成员在冲突发生时处于被动地位；当冲突较为严重时，其他成员无法抗衡核心人物，一般会选择离开团队。

（二）"圆桌型"创新团队

"圆桌型"创新团队又称"网状"创业团队。"圆桌型"创新团队其成员通常在创业之前就有密切的关系，如同学、亲友、同事等。这种团队有以下几个明显的特点。

（1）团队没有明显的核心人物，整体组织结构较为松散。

（2）一般采用集体决策的方式，通过团队成员的沟通和讨论达成一致意见，决策效率相对较低。

（3）团队成员在团队中的地位相似，因此容易在组织中形成多头领导的局面。

（4）当团队成员之间发生冲突时，一般采取平等协商、积极解决的态度消除冲突，团队成员不会轻易离开。但是一旦团队成员间的冲突升级，某些成员撤出团队，就容易导致整个团队涣散。

（三）"虚拟核心型"创业团队

"虚拟核心型"创业团队又称"虚拟星状"创业团队，是前两种类型创业团队的中间形态。在"虚拟核心型"创业团队中，由团队成员协商确定一名核心成员，核心成员是整个团队的代言人，但并非主导型人物，其在团队中的行为必须充分考虑其他团队成员的意见，权威低于"核心型"创业团队的核心人物。

五、大学生创业团队分析

1. 大学生创业团队的优势

（1）思维活跃，精力充沛，想象力丰富，对创业具有极大的热情，创新意识和能力较强。

（2）具有较强的专业基础知识和技能，如从事本专业或与之相关的创业活动，成功的概率较高。

（3）学习能力强，能很快地学习和掌握新鲜事物，擅于寻找商机把握机会。

2. 大学生创业团队的劣势

（1）稳定性较差。大学生一直生活在象牙塔中，对社会的认知不够，缺乏经验，一旦理想与现实发生碰撞，创业遇到困难，很多创业者会选择放弃，脱离创业团队，导致创业团队解散或重组。

（2）对市场把握不够精准。大学生并未真正走出社会，与社会接触相对较少，由于经验的限制使得大学生无法正确地评估市场和机会，要么对市场的判断过于乐观，要么过低地判断自己对市场的把握能力，从而错失机会。

（3）技术力量缺失。虽然大学生拥有专业技术知识，但是却仅仅停留于知识表面，并未转化成为真正的技术，大学生创业团队必须经过长时间的实践，才能将知识真正转化为技术。

实践课堂

通过上网查阅资料或实地走访，调研两个具有代表性创业团队，其中一个是取得较大业绩的优秀的创业团队，另一个是由于种种原因导致失败的创业团队。了解两个不同创业团队的整体情况，并进行团队分析，填写下列表格。

调研内容	优秀的创业团队	失败的创业团队
团队类型		
团队人数		
团队情况介绍		
成功/失败的原因分析		
启示		

任务三　创业团队的组建与管理

3.8 如何组建创业团队？

一、创业团队组建的基本原则

（1）目标明确、合理。创业目标必须明确、合理、切实可行，这样才能使团队成员清楚地认识到共同奋斗的方向，才能真正达到激励的目的。

（2）互补。创业者之所以寻求团队合作，其目的就在于弥补创业目标与自身能力之间的差距。只有当团队成员之间互相在知识、技能、经验等方面实现互补时，才可能通过相互协作发挥出"1+1>2"的协同效应，因此团队成员之间要做到诚实守信、志同道合、取长补短、分工协作、权责明确。

（3）精简高效。为了减少创业期间的运作成本，各成员最大比例地分享成果，创业团队成员构成应在保证企业能高效运作的前提下尽量精简。

（4）动态、开放。创业是一个充满不确定性的过程，团队中可能因为能力、观念等多种原因不断有人离开，同时也不断有新成员加入。因此创业者在组建团队时，应注意保持团队的动态性和开放性，吸纳更多有能力且志同道合的团队成员。

码上学习——
亏本的工程

二、组建创业团队的步骤

（一）识别创业机会，明确创业目标

识别创业机会是组建创业团队的起点。如果创业机会的市场层面拥有较多优势，就需要较多的市场开拓方面的人才；如果创业机会的产品层面拥有较多的优势，就需要较多的技术人才。

创业团队的组建必须依托创业者们相同的创业目标。创业团队的总目标是完成创业阶段的技术、市场、规划、组织、管理等各项工作。确定总目标之后，还需将总目标加以分解，设定成若干可行的、阶段性的分目标。

（二）制订创业计划

建立创业计划必须以创业目标为核心，通过市场调研以及团队成员拥有的资源来制订符合实际的创业计划，制订计划之后，将计划细化，确定创业团队在不同的创业阶段需要完成的阶段性任务，通过逐步实现这些阶段性目标来最终实现创业目标。

（三）寻找创业伙伴

招募合适的团队成员是创业团队组建最关键的一步。关于创业团队成员的招募，

主要应考虑互补性和适度规模两个方面。

（1）互补性。即考虑新招募的成员能否与其他成员在能力或技术上形成互补。一般来说，一个创业团队至少需要管理、技术和营销三个方面的人才，才能形成良好的沟通协作关系，使得创业团队稳定、高效地运转。

（2）适度规模。成员太少，无法实现团队的功能和优势；成员过多，未来可能会分裂成多个小团体，削弱团队凝聚力。一般来说，创业团队控制在 2~12 人。

（四）职权划分

团队成员必须做到分工明确、权责相当，既要避免职权的重叠交叉，又要避免无人承担某项职责而造成工作上的疏漏。此外，由于团队处于创业过程中，面临的创业环境较为复杂，新问题层出不穷，团队成员可能会更换，因此创业团队成员的职权也应根据需要不断进行调整。

码上学习——
大学生跨专业
组建团队创办
装饰公司

（五）构建创业团队制度体系

（1）约束制度。通过制订纪律条例、组织条例、财务条例、保密条例等约束制度，规范团队管理，建立良好的团队形象。

（2）激励制度。通过制订利益分配方案、奖惩制度、考核标准、激励措施等激励制度，充分调动成员的积极性。创业团队要实现有效的激励，首先就必须界定清楚成员的收益模式，尤其是关于股权、奖惩等与团队成员利益密切相关的事宜。

（六）团队的调整整合

创业团队并不是一蹴而就的，而是随着企业的发展逐渐完善形成的，在这个过程中，团队成员可能会因为理念不合、做事方法不同或其他原因离开，但又会有新成员不断加入，逐渐更新团队中的成员，以形成适合企业发展的创业团队。

三、创业团队的角色分配

"团队角色之父"贝尔宾博士在1981年阐述了著名的团队角色理论，该理论提出一支结构合理的团队应该拥有九个团队角色，即鞭策者、执行者、完成者、外交家、协调者、凝聚者、智多星、审议员和专业师，这九个团队角色在团队中起着互补但同样重要的作用。我们可以把这九个角色分成三大类，分别是谋略导向型角色、人际导向型角色、行动导向型角色，三类角色在团队中发挥的作用有很大不同。

谋略导向型角色是团队的核心。团队的方向、重大决策、调整和复盘都需要这些角色理性地思考来决定，包含审议员、专业师、智多星。

人际导向型角色是整个团队对内协调管理、对外互动的力量，包含协调者、凝聚者、外交家。

行动导向型角色以结果为导向，把思考的结果执行、推进、落地，包含执行者、完成者、鞭策者。

这九种角色如图 3-1 所示，团队中各角色的特征和作用如表 3-13 所示。

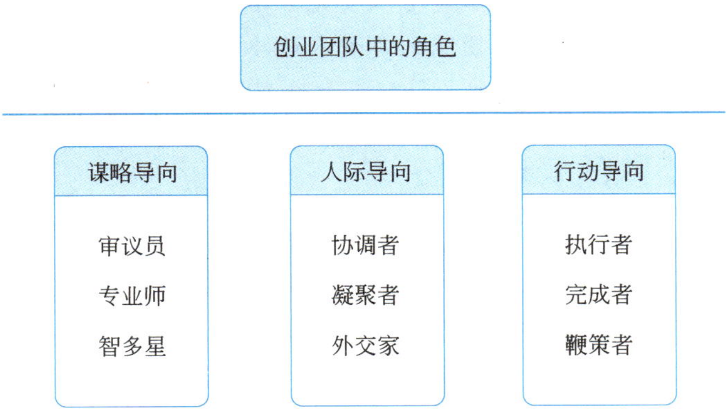

```
                        创业团队中的角色
        ┌──────────────────┼──────────────────┐
     谋略导向            人际导向            行动导向
     审议员              协调者              执行者
     专业师              凝聚者              完成者
     智多星              外交家              鞭策者
```

图 3-1　创业团队的九种角色

表 3-13　创业团队九种角色的特征与作用

类型	角色	特　　征	在团队中的作用
谋略导向	审议员	优点：理智谨慎，判断力和分辨力强，讲求实际。 缺点：缺乏鼓动和激发的能力	分析问题和情景；对繁杂的材料予以简化，并澄清模糊不清的问题；对他人的判断和作用做出评价
	专业师	优点：主动自觉、全情投入，能够提供不易掌握的专业知识和技能。 缺点：贡献的范围有限，沉迷于个人兴趣	提供专业建议
	智多星	优点：思维活跃、想象丰富、知识面广、具有创新精神。 缺点：高高在上、不重细节、不拘礼仪	提供建议；提出批评并有助于引出相反意见；对已经形成的行动方案提出新的看法
人际导向	协调者	优点：沉着、自信，看待问题比较客观，拥有控制局面的能力。 缺点：在智能及创造力方面稍逊一筹	协助明确团队目标和方向；帮助确定团队中各角色的分工、责任和工作界限
	凝聚者	优点：擅长人际交往，性格温和、敏感，具有较强的环境适应能力和团队凝聚能力。 缺点：危机时刻优柔寡断	给予他人支持和帮助，解决团队中出现的问题
	外交家	优点：外向热情、好奇心强、消息灵通。 缺点：缺乏灵活性，对没有把握的主意不感兴趣	提出建议，并引入外部信息
行动导向	执行者	优点：保守、务实、可靠、勤奋。 缺点：缺乏灵活性，对没有把握的主意不感兴趣	将计划转换为实际步骤
	完成者	优点：勤奋有序、有紧迫感、理想主义。 缺点：拘泥于细节、容易焦虑、不洒脱	强调任务的目标要求；查漏补缺，督促他人完成
	鞭策者	优点：思维敏捷、开朗、主动探索、有干劲、爱挑战。 缺点：好激起争端、易冲动、急躁	寻找和发现方案，推动团队达成一致意见，并朝着决策行动

创业导师点拨

在组建创业团队的时候，团队负责人要充分了解每个团队成员的秉性特征，做到容人短处，用人所长。此外，团队的负责人还要让所有人清楚地知道自己和他人所扮演的角色，通过团队协作来取长补短，打造高绩效团队。

四、创业团队的管理技巧

（1）合理搭配团队成员。创业者在组建团队时，应该充分考虑在当前资源与能力不足的条件下，寻找需要的合作伙伴。一般来说，好的创业团队成员通常都能形成良好的互补关系，这种互补关系能最大限度地调度团队的能动性，帮着团队成员高效地完成工作。

3.9 如何有效管理创业团队？

（2）培养互相信任的氛围。建立并维护互相信任的团队氛围，是团队成员互相协作的基础。如果团队成员之间互相猜疑，就会导致企业内部分裂和企业瓦解。简单地说，就是要增加团队成员之间的信任，增强团队成员的凝聚力。

创业者在选择合作伙伴时首先要考虑合作伙伴的人品和能力；其次要考虑对方是否诚信，行为和动机是否带有很强的私心，是否有集体荣誉感，能否与其他成员以诚相待并和平共处。

（3）公平而有弹性的利益分配。创业之初的股权分配与创业过程的贡献往往并不一致，因此发生贡献与报酬不一致的现象。此时创业者就要好好协调二者之间的比例，制订一套公平的利益分配机制，以弥补这种不公平的现象，避免团队成员之间因为利益问题而产生隔阂。

（4）良好的约束机制。创业团队组建的过程是一个随时变化的过程，因此创业者应该对团队成员的工作进行明确分工，并根据其分工，制订相应的奖惩条例。

（5）有效的沟通机制。及时有效的交流和沟通可以消除创业过程中出现的一些矛盾和问题。特别是当出现员工对企业信心不足、员工发生口角、员工之间彼此猜疑等情况时，创业者不仅要加强自己与员工之间的交流和沟通，还要加强员工与员工之间的交流与沟通。创业者可以通过一些会议或互动游戏来加强自己与员工、员工与员工之间的交流。

码上学习——团队失和，前功尽弃

启智润心

给你一个13人的团队开始创业，努力28年，你能干成什么？

如果坚持创业梦想要付出毕生精力，甚至以生命为代价，你还会坚持到底吗？

在创业之路上，有许多团队都是从零开始的，从小到大，逐步发展起来。但是有的团队从意气风发开始，到暮气沉沉终结；从一开始的顺风顺水，到最终泯然众人，黯然退场。

然而，却有这样一个团队，从一大到二十大、从南湖红船到人民大会堂、从

13名党代表到两千多名党代表、从50多名党员到世界第一大执政党,由弱到强,成就了百年伟业,因此被誉为史上最牛创业团队。对,他就是——中国共产党。

一百多年来,中国共产党靠艰苦奋斗起家,靠一代代共产党人接续艰苦奋斗实现成功创业。

实践课堂

一、贝尔宾团队角色测试

本问卷共有七个部分,每部分有十项陈述。每部分的总分是10分,请将10分分配给你认为最准确地描述你的行为或感觉的项目上。你可以自由分配这10分,你认为哪一项最能反映你的行为或感受,就给这一项一个较高的分数;这10分既可以分别打给几项,也可以只打到一项上。请将答案写在"答题表"中,并参考《贝尔宾团队角色确定工具》完成第一步至第四步,以确定自己的角色类型。

1. 我认为自己能为团队做出的贡献是:
   A. 我能很快地发现并把握新的机会
   B. 无论在一般或特别的问题上,我的建议都易于被他人接受
   C. 我能与不同类型的人融洽地合作做事
   D. 我总有许多点子
   E. 我善于发掘对实现团体目标有价值的人
   F. 我可使别人放心所交托给我完成的任务
   G. 技术知识和经验通常是我的主要财富
   H. 为创造有益的结果,我愿意面对寂寞和冷淡的对待
   I. 通常我能判断某些计划或主意是否适用于某种特定情况
   J. 我能理由充分而且不带偏见地提出可供选择的方案

2. 如果我在团队中存在某些缺点,这可能是:
   A. 如果会议安排不合理、缺乏控制并不能顺利进行,我就感到不自在
   B. 我一向迁就那些观点颇有价值但却得不到足够关注的人
   C. 除我所熟悉的题目外,我不愿发表自己的见解
   D. 每当转入新的话题时,我都喜欢大发议论
   E. 我倾向低估自己意见的重要性
   F. 我十分客观,难以主动、热情地与同事配合
   G. 当处理重要问题时,人们有时认为我武断、专横
   H. 我发现难以领导他人,这也许因为我太在乎团队气氛了
   I. 我太注重捕捉头脑中的一闪念,而忽视了眼前的事情
   J. 对不完整的建议,我不愿意发表自己的观点

3. 当跟他人共同完成一个项目或计划时:
   A. 我不需要施加压力就能影响别人

B. 我善于防止因大意而引起的错误或遗漏，保证计划的成功

C. 我会尽力使会议不浪费时间或者偏离主题

D. 我善于提出崭新的见解

E. 我乐于支持为了大家利益的好建议

F. 大家可以相信我的真心实意

G. 我能很快洞察新主张中的可能发生的变化

H. 我努力维持自己专业的形象

I. 我相信自己的判断能力能带来正确的决定

J. 别人会信任我用有条理的方法来满足工作的需要

4. 我处理团队工作的特点或方式是：

A. 我会耐心地进一步了解同事们

B. 我会先肯定才提出建议

C. 我会向不同观点提出质疑，即使处于少数地位也能保留自己的意见

D. 我通常能发现争论的线索，以反驳不好的建议

E. 当一个计划付诸实施时，我有能力把事情顺利进行

F. 我会避开研究浅易的问题，而去求索没被探讨的题目

G. 我总想把自己承担的工作做得更加完美

H. 我喜欢为团队或组织跟外界建立联系

I. 我喜欢工作中社会交往的方面

J. 尽管我有兴趣听取别人的观点，但当作决定时我会当机立断

5. 我在工作中获得满足是因为：

A. 我喜欢分析形势，权衡各种可能的选择

B. 我喜欢发掘解决问题的实际方法

C. 我感到自己能够促进团队的工作关系

D. 我对决策权有重大的影响力

E. 我有机会接触到持有新见解的人

F. 我能使人们在关键问题和目标上达成共识

G. 我感到自己有一种能使自己聚精会神地投入工作的素质

H. 我能找到展开自己想象力的机会

I. 我感到可以尽情发挥自己的特长及技能

J. 我通常找一份能发挥自己所长的工作

6. 如果突然接受一项紧迫并且需要跟不熟悉的人合作的任务时：

A. 不管环境如何，我通常会成功

B. 我将尽量多地阅读有关方面的资料

C. 我会自己先行设计解决方法，然后努力将它向团队推销

D. 我愿意与表现得积极的人一起工作，即使他可能难以相处

E. 我会根据不同的人的长处，寻求减轻工作量的办法

F. 我天生的紧迫感能确保我们按时完成任务

G. 我相信自己会保持冷静并能理智思考

H. 尽管有冲突的压力，我还是能将该做的工作向前推动

I. 如果团队工作没有起色，我会带头发挥作用

J. 我会公开讨论某观点，从而激发新的主张，推动工作进展

7. 与团队一起工作遇到问题时：

A. 当别人进度缓慢时，我会作出过激的反应、显得不耐烦

B. 一些人批评我太注重理性分析

C. 别人并不欢迎我希望确保每一重要细节都准确无误的态度

D. 如果我不能积极参与激励别人时，我就会觉得无聊

E. 当工作目标不明确时，我发现我很难开始做事

F. 有时我面对棘手的问题，感到无能为力

G. 当我自己不能独立完成任务时，我会主动要求他人的帮助

H. 我发觉别人不给我足够的机会让我畅所欲言

I. 我觉得自己时常浪费时间，但我希望将其改善

J. 在难以应付的人或在重要人物面前，我总是不愿直陈自己的观点

第一步：请您完善个人信息，并将贝尔宾团队角色测试问卷中"1~7"题各个选项的得分填入表3-14。

表3-14　答题表

题目	1	2	3	4	5	6	7
分值分配	A	A	A	A	A	A	A
	B	B	B	B	B	B	B
	C	C	C	C	C	C	C
	D	D	D	D	D	D	D
	E	E	E	E	E	E	E
	F	F	F	F	F	F	F
	G	G	G	G	G	G	G
	H	H	H	H	H	H	H
	I	I	I	I	I	I	I
	J	J	J	J	J	J	J
总分	10	10	10	10	10	10	10

第二步：将答题表中各道题、各个选项的得分填至表3-15的相应位置，并计算各个角色的角色测评总分。

表 3-15 团队角色分析表

题目	每句子分值								
1	D	A	E	H	J	C	I	F	G	B
2	I	D	B	G	F	H	A	J	C	E
3	D	G	A	C	I	E	J	B	H	F
4	F	H	J	C	D	A	E	G	B	I
5	H	E	F	D	A	C	B	G	I	J
6	C	J	E	I	G	D	H	F	B	A
7	F	D	G	A	B	J	E	C	I	H
角色测评总分										
角色	智多星	外交家	协调者	鞭策者	审议员	凝聚者	执行者	完成者	专业师	
角色简称	PL	RI	CO	SH	ME	TW	IM	CF	SP	DR

第三步：请为表 3-15 中各个角色的角色测评总分，在表 3-16 中找到对应的数值，即为该角色的角色分值，用"○"圈出。如 PL 角色测评总分为 6，那么它对应的角色分值为 53。

表 3-16 团队角色对照表

得分	PL	RI	CO	SH	ME	TW	IM	CF	SP	得分
22				95						22
21				93						21
20				92						20
19				89						19
18				87						18
17				86						17
16			95	83			93			16
15	95	95	93	79		95	91			15
14	93	90	91	75		94	86		95	14
13	92	86	90	71	94	89	83	93	92	13
12	90	83	86	64	92	83	77	89	89	12
11	86	77	82	55	89	79	68	85	85	11
10	84	71	80	50	82	74	61	83	77	10
9	82	66	72	45	72	67	49	78	74	9
8	75	58	64	36	61	60	36	72	69	8
7	64	49	55	30	52	49	29	67	64	7
6	53	38	48	23	41	37	19	56	53	6
5	45	32	29	18	31	27	14	51	46	5
4	38	23	19	12	23	19	8	41	30	4
3	25	16	11	6	12	12	4	31	24	3
2	16	7	6	4	4	6	2	18	11	2
1	8	3	3	1	1	1	1	11	8	1

第四步：将表 3-15 中各个角色的角色分值填写到表 3-17 的相应位置。如 PL 的角色分值为 53，就在 PL 对应的"次要角色"处填写 53，"避免角色和自然角色"处则无须填写内容。

表 3-17　团队角色描述表

避免角色	次要角色	自然角色	角色名称	角 色 作 用	可容许弱点
0~29	30~69	70~100	—	—	—
			PL 智多星	有创造力、想象力，善于打破常规、解决困难问题	不善与普通人交往
			RI 外交家	外向、热情、善交际、探索机会、建立联系	热情一过很快失去兴趣
			CO 协调者	成熟、自信、可信任、好的主席、阐明目标、促进决策	不一定是最聪明或最有创造力的人
			SH 鞭策者	有活力、开朗、易激动、爱挑战、施压、在困难面前寻找各种办法	易怒、脾气急
			ME 审议员	冷静、有战略眼光、考虑全面周到、判断准确	缺少激发鼓舞别人的能力
			TW 凝聚者	善交往、温和、善解人意、乐于助人、包容、倾听、解决摩擦	关键时刻优柔寡断
			IM 执行者	守纪律、高效、可靠、保守、把想法付诸实际行动	有些固执，对新生事物反应慢
			CF 完成者	吃苦耐劳、尽职尽责、严肃、谨慎、守时、善于发现错误	过分担心、不愿授权
			SP 专业师	诚实、自我工作、投入、提供急需的知识和技能	专业领域较窄

你的测评小结：

码上学习——
贝尔宾团队角色
测试结果解读

二、组建你们的创业团队

按照前面所学的创业团队的组建原则以及组建步骤，寻找合伙人共同创业，经过充分讨论完成下列表格，绘制团队海报，并拍摄团队创意合照，打印出来贴在表格相应位置。

团队名称	
团队 LOGO	
团队口号	
团队愿景／目标	
团队负责人	
团队其他成员及分工	
团队的管理制度	
团队创意合照	

项目三考核评价

评价阶段	评价内容	分值	学生自评	小组互评	教师评价	平台数据	备注
课前探究	微课视频完成度	10					
	即练即测	10					
课中实训	任务 1 实训完成情况	20					
	任务 2 实训完成情况	20					
	任务 3 实训完成情况	20					
课后拓展	码上学习完成度	10					
	巩固提升	10					
项目三总评得分				学生签名			

注：1. 平台数据完成的打"√"，未完成的打"×"。

2. 项目评价分值仅供参考，教师可以根据实际情况进行调整。在本项目完成之后，采用过程性评价与结果性评价相结合，综合运用自我评价、小组评价和教师评价3种方式，由教师确定3种评价方式分别占总成绩的权重，计算出学生在本项目的考核评价的最终得分。

课后思考题

1. 创业者必备的素质和能力有哪些？
2. 请对大学生创业团队进行分析。
3. 团队精神的内涵是什么？
4. 创业团队组建的原则与步骤是什么？
5. 如何管理创业团队？

书香致远

1. 曹磊，杨丽娟. 从13人到9000多万人——史上最牛创业团队 [M]. 北京：人民日报出版社，2020.

2. 倪云华. 如何打造一流创业团队：创业者最实用的管理指南 [M]. 北京：中国友谊出版社，2018.

复盘反思

哪些内容让你印象深刻?	你获得了哪些方法和能力?
学习中的困惑有哪些?	接下来你可以采取哪些行动提升?

项目四
慧眼识商机——识别与评价创业机会

项目导入

创业机会是创业过程的核心，很多大学生创业者认为当我们有了一个好的创意就意味着拥有了好的创业机会，一旦有了这样的想法就要快速地投入创业实践中。殊不知这样盲目地行动带来的或许不是成功而是极大的风险，甚至导致创业失败。实际上，创意和创业机会并不是一回事。此外，据调查，以商业计划书的形式提供给投资者的每100个创业机会中，只有2~4个会成为投资对象。因此，创业机会的识别和评估是整个创业过程中的关键环节，创业者可以据此不断调整创业的方向，进行资源整合和开发，实施正确有效的创业行动。

本项目将带领大家认识什么是创业机会，并指导大学生如何搜寻、识别创业机会并进行有效评估。

学习目标

知识目标：
1. 理解什么是创业机会；
2. 掌握创业机会的特征和类型；
3. 了解有价值的创业机会都有哪些判定依据；
4. 掌握搜寻创业机会的途径；
5. 明确哪些因素影响大学生识别创业机会；
6. 熟悉创业机会的识别方法；
7. 掌握创业机会评价的方法。

能力目标：
1. 能够判断一个创业机会是否有价值；
2. 能够利用一定的方法和技巧搜寻和识别身边的创业机会；
3. 能够运用多种评价方法对创业机会科学客观地进行评价。

素质目标：
1. 激发开拓创新的精神、培养前瞻性眼光、把握社会经济发展的趋势，通过探索实践，不断发现创业机会；

2. 构建理性创业的思维。

创客先锋

鸿雁归时春潮涌　风正扬帆正其时

崔本超，济南职业学院2008届优秀毕业生。大学毕业的六年间，他从业务员做起，凭借着出色的业绩，成功担任了山东某家企业的总经理。但是在2014年的某一天，他做了一个大胆的决定——放弃高薪工作，返乡创业。

崔本超出生在临沂沂水县的一个乡村，自幼对农村和土地有着深厚的感情。当无意间读到《中共中央国务院关于加快发展现代农业　进一步增强农村发展活力的若干意见》之后，他敏锐地意识到农业的春天要来了，于是他决定回乡创业，带领乡亲们共同致富。

回到农村做什么项目呢？崔本超脑子里第一个闪现的就是种植谷子。崔本超自幼喝家乡的小米粥长大。童年的记忆中，小米粥香甜黏稠，米油黄亮。长大后外出求学，就再也没喝到儿时的小米粥。他经常感叹越来越多的年轻人外出打工，而老人随着年龄增长，不能再下田劳作，久而久之，一些好的谷子品种就不能得以流传和继承。于是，崔本超用两年时间，足迹踏遍了临沂市的20多个乡镇，走访了近百户农民，采集了30多个老品种，最终选出了优良品种，并命名为沂州黄。

寻到了记忆中的品种，又一个难题横在面前。他虽自幼在农村长大，但对于农作物的种植和管理却是知之甚少。于是，他又开始奔赴全国各地学习种植技术，了解谷子在我国的发展情况，学习谷子的现代种植技术、如何规模化种植和管理。

2017年，崔本超成立了山东沂州黄生态农业开发有限公司，注册了"沂州黄"商标。为带领当地百姓脱贫致富，他还成立农民合作社，找了100多户农民加入合作社，一起种植沂州黄小米。2017年的秋天，300亩地的小米上市两个月内就被抢购一空。此后，崔本超又创立山东唐王坡农业有限公司，发展"唐王坡"品牌蜜薯。

通过制定科学种植管理制度，并使用有机肥、脱毒种苗、覆膜滴灌等技术，逐步提高谷子和蜜薯品质，建立"五统一"种植标准，并通过一亩田、淘宝、抖音、快手等网络平台将产品推广全国，赢得了市场认可。目前农场每年用工达到7000人次，带动周边群众种植蜜薯300多亩，带动农户年增收150多万元。2022年崔本超为涝坡村捐款1.4万元，用于道路提升和爱心食堂建设；春节前为涝坡、天晴旺村70岁以上老人送去生活物资等。

因为创业事迹典型，崔本超先后获得临沂市"沂蒙乡村好青年""临沂市鸿雁人才"、山东省"齐鲁乡村之星"等荣誉称号。

思考： 结合上述案例，谈一谈大学生如何发现并把握创业机会。

任务一　认识创业机会

4.1 如何判断一个创业机会是否有价值？

一、创业机会的内涵

创业机会是适于创业的商业机会，指具有较强吸引力、较为持久的、有利于创业的商业机会，创业者通过发现消费者的需求而为客户提供有价值的产品或服务，并同时使创业者自身获益。创业机会是一种特殊的商业机会，比一般商业机会更具有创新性甚至创造性，创造性强的创业机会容易形成竞争优势，有利于创业活动的成功。

二、创业机会的特征

（1）隐蔽性。在现实经济生活中，适于创业的机会并不是很容易就能识别出来的，创业者需要对市场的变化有足够的敏感度，善于思考发现，才能在众多机会中发掘出适合自己的创业机会。

（2）偶然性。在这个不断变化的时代，创业机会的发现和捕捉带有很大的不确定性，任何创业机会的产生都有偶然因素。这就需要我们努力寻找，从市场环境变化的必然规律中预测和寻找市场机会。

（3）易逝性。所谓"机不可失，时不再来"。创业机会具有窗口期，存在于一定的时空范围之内，随着客观条件的变化，机会随时可能消失。而且，机会往往是社会所共有的，人们都在寻找，在激烈的竞争中，最先抓住机会的创业者往往能够占据有利形势，获得更多价值，一步先，步步先，这就是"先下手为强"的现象。

（4）时代性。创业机会往往是时代的产物。我们看到的很多创业机会都会被打上时代烙印，见证了某个时期社会的发展。例如，30多年来，随着通信技术不断发展，老百姓的通信工具发生了翻天覆地的变化——从"大哥大"、小灵通，黑白屏手机、彩屏手机，直到现在的智能手机、折叠手机等。只有迎合时代需求、具有发展前景的创业机会才有可能获得持续的盈利。

三、有价值的创业机会的判定依据

（1）具有真实的需求。创业机会产生于市场中尚未被满足的需求，是实现某种商业营利目的的突破口或切入点，只有存在需求才会有市场。

（2）具有核心的竞争力。一个优秀的创业项目要做到人无我有，人有我优，人优我特，构建核心竞争力，才能在激烈的市场竞争中搭建壁垒，保持优势。

（3）具有清晰的盈利模式。一个有价值的项目必须在对内外部条件进行全面分析的基础上构建自己清晰的盈利模式，创造利润空间，保证创业企业在市场中持续获利的能力。

（4）具有有效的资源和技能。一个好的创业项目必须具备创业所需的关键资源（包括人、财、物、信息等）和相应技能，才能为业务创立奠定坚实的基础。

（5）机会窗口的敞开。创业必须准确把握时机，在机会窗口存在的期间被实施。一旦新市场建立起来，机会窗口就打开了；随着市场成长，创业企业进入市场并建立自己的定位，在某个时间点，市场成熟，用自身的核心竞争力站稳脚跟。另外，机会窗口还代表着商业想法推广到市场上去所用的时间，若其他竞争者已经有了同样的想法，并用更快的速度把产品、服务推向市场，那么机会之窗也就关闭了。

四、创业机会的类型

4.2 创业机会有哪些类型？

（1）复制型创业。复制型创业是在市场和产品都相对明确的情况下，复制已有的创业模式。开网店、培训班、快餐店、便利店、洗衣房等都是典型的复制型创业，公司扩张、连锁店、加盟店也都属于复制型创业。很多生存型创业都属于复制型创业，有些进入门槛相对比较低。但是，复制型创业未必都是开店等简单的生存型创业，很多高科技企业也可能是复制型的，例如智能手机、计算机、汽车、电动汽车、过期专利产品等，都可能是复制型创业的机会。复制型机会比较容易识别，因此它是一种显性的创业机会。

（2）模仿型创业。模仿型创业是指对一种已经成功的创业模式进行改良，从一个市场移植到新的市场，或者从一个地方移植到另外一个地方，所以这样的机会也称作移植型机会。比如，QQ 最初模仿了国外的 ICQ，再结合中国人的习惯和市场进行改进和完善。

（3）增值型创业。增值型创业是通过提供一种全新的或者大幅度改进的产品来满足已知的用户需求的创业方式。创新的产品会比原有的旧产品提供更高价值或更高性价比，所以称为增值型机会。增值型创业主要依靠新产品的开发。

（4）风险型创业。风险型创业往往是利用某种技术或社会发展趋势带来的创业机遇而创造出全新的产品、全新的市场甚至全新的行业。风险型创业不是发现机会，而是创造机会。预见到未来的问题是创造创业机会的前提。准确地说，是借助新趋势（如技术变革、政治和制度变革、社会变革、人口结构变化和产业结构变革等）而开拓新的创业机会。因为市场和产品都是不确定的和高度创新的，所以风险很高，失败机会也大，因此称作风险型创业。

创业导师点拨

（1）虽然显性创业机会相对容易识别，但并不容易成功。因为市场和产品是已知和明确的，所以门槛较低，竞争也会很激烈。所以，必须找到供需之间确实存在问题的行业，才能够生存和持久。如果这个市场已经饱和，就要谨慎决策。

（2）模仿型创业比复制型创业更复杂，它主要面向不明确的、新的市场，对产品做小的改进或渐进式创新。作为大学生，平日里应该抓住一切机会多学习、多实践，拥有开阔的视野和丰富的阅历，不断提升识别模仿型机会的能力。

（3）增值型创业既需要坚实的专业技术知识和创新能力，也需要敏锐的观察力和发现所在市场的各种问题和需求的能力。

（4）风险型创业一般要借助社会和技术的变化趋势，不然很难达到一定的规模。因此，关注某个领域的重大进步，深入学习和参与某个行业的技术发展，关注新闻和时事报道，参与时事政治讨论等，都有助于发现潜在的创业机会。

实践课堂

请根据课上所讲的创业机会的四种类型，归纳总结每种创业机会的特点，并列举现实中的创业案例。

创业机会的类型	特　　点	案　　例
复制型创业		
模仿型创业		
增值型创业		
风险型创业		

任务二　搜寻和识别创业机会

学习加油站

4.3 如何通过宏观政策与行业趋势的变化搜寻创业机会？

一、搜寻创业机会的途径

（一）关注宏观政策与行业趋势变化

世界正处于"百年未有之大变局"，唯一不变的就是"变化"。变化正在时时发生、处处发生。创业者需要时刻关注宏观政策、行业趋势等带来的市场变化，市场环境一旦发生改变，市场需求、市场结构必然会随之变化。市场的变化主要来自以下四个方面。

1. 技术变革

科学技术的进步带来了新技术的应用，提供了新产品、新服务，更好地满足顾客需求，同时也带来了大量的基于新的科技突破和社会科技进步的创业机会。新知识可以改变人们的消费观念，新技术可以进一步满足人们的需求，甚至使人们产生新的需求进而引导消费。新的技术和知识的出现同时也可以改变企业的生产过程、产品的工艺水平、产品的成本以及市场收益，创造新的市场，从而带来了新的商业机遇。例如，以高德为代表的地图导航类 App，将各种前沿技术（如地图渲染技术、AI 动态视景技术、动态光影追踪技术等）植入智慧交通领域，让手机软件越来越像出行过程中的"驾车助理"，为用户提供更优质的出行体验。

课堂讨论

人工智能、大数据、云计算等新技术的出现可以给我们带来哪些新的创业机会？

码上学习——融合新科技，争做新农人

2. 政治和制度变革

政府会根据实际发展情况与需求，利用经济、法律、行政手段，出台各种政策法规等，进行市场经济的调节。政策、法律随着时代的发展而不断被修正、完善，政府制定的政策导向可以给创业者提供一定的创业机遇。国家近些年陆续出台的各种三农政策、"双碳"政策、环保政策、"双减"政策、健康中国政策、养老政策、二胎三胎政策等，都可以为创业提供丰富的依据。例如，随着经济社会发展和物质消费水平大幅提高，我国生活垃圾产生量迅速增长，环境隐患日益突出，已经成为新型城镇化发展的制约因素。为切实推动生活垃圾分类，国家在 2017 年出台了《生活垃圾分类制度实施方案》。方案明确了分类投放、分类收集、分类运输、分类处理等环节的具体要求，为行业提供了明确的规范和标准。

课堂讨论

政策红利下，垃圾分类行业有哪些新机遇？

3. 社会结构变革

社会结构变革主要表现在人口结构、家庭结构、就业结构、城乡结构、区域结构、组织结构和社会阶层结构等诸多方面。改革开放以来，在经济体制改革、经济高速发展、经济结构变化的推动下，社会结构也发生了深刻的变动。例如，老龄化程度不断加深是人口结构转变的一大重要表现。高龄老年人口数量的迅速增长必然隐藏着无数商机，可以创造出诸如适老产品研发、老年活动中心、家政服务、适老化改造服务等一系列的公司或企业。另外，单身人群快速增加、妇女就业的风潮、家庭规模的扩大、受教育程度的提升等，这些变革必然都蕴含着丰富的商业机会。

码上学习——海南小伙创办"捂碳星球"，为低碳减排做贡献

码上学习——母婴电商"蜜芽"的创立故事

4. 产业结构变革

产业结构是指一个国家或地区的产业组成（即资源在产业间的配置状态）、产业发展水平（即各产业所占比重）及产业间的技术经济联系（即产业间相互依存、相互作用的方式）。随着社会生产力的发展，产业结构会不断发生变革，从而催生大量的创业机会。党的二十大报告指出，要建设现代化产业体系，推动制造业高端化、智能化、绿色化发展，推动战略性新兴产业融合集群发展。

码上学习——从代工到自主品牌：让世界"眼前一亮"的深圳眼镜

（二）调查创业地区的环境

1. 自然资源

自然资源主要包括土地、农业、森林、矿产、沙漠、水产品和各种特产等。请思考，你打算创业的地区有哪些丰富的自然资源？并分析这些自然资源可以用来制作哪些有用的产品或提供什么样的服务。例如，"中国蜜桃之都"山东蒙阴，蜜桃品种繁多。蜜桃除了流向水果市场外，还可以加工成罐头、果干、饮料等。当地的创业者就可以依托"蒙阴桃"，从生产、休闲、观光、露营、采摘等不同方面寻找创业机会。

4.4 如何通过调查创业地区的环境搜寻创业机会？

启智润心

2023年3月，《求是》杂志发表习近平总书记重要文章《加快建设农业强国 推进农业农村现代化》。文章指出，各地推动产业振兴，要把"土特产"这3个字琢磨透。这为做优做强乡村产业、促进乡村产业振兴，提出了新的要求。

我们可以对"土特产"三个字做重新的定义。"土"，讲的是基于一方水土，开发乡土资源。要善于分析新的市场环境、新的技术

码上学习——"桃电商"让"蒙阴桃"的品牌走向了大江南北

条件，用好新的营销手段，打开视野来用好当地资源，注重开发农业产业新功能、农村生态新价值，如发展生态旅游、民俗文化、休闲观光等。"特"，讲的是突出地域特点，体现当地风情。要跳出本地看本地，打造为广大消费者所认可、能形成竞争优势的特色，如因地制宜打造苹果村、木耳乡、黄花镇等。"产"，讲的是真正建成产业、形成集群。要延长农产品产业链，发展农产品加工、保鲜储藏、运输销售等，形成一定规模，把农产品增值收益留在农村、留给农民。

码上学习——
曹县博士返乡卖汉服，带动 1000 多名村民就业

2. 工商业发展状况

如果创业者所在地区的工商业发展较快，也能从中识别到很多创业机会。请思考，你所在的地区有工厂吗？这些工厂主要生产什么产品？你所在的地区是否某类商品的批发集散地？例如，山东菏泽农业生产条件得天独厚，是全国著名的优质粮棉林畜生产基地，受此影响，菏泽市下辖的各县服装产业发达。近年来，电商的快速发展又进一步带动了菏泽曹县的汉服产业，当地的创业者可以搜寻到汉服的设计、裁剪、纺织、加工、配饰等创业机会。

启智润心

山东的纺织服装产业，不仅仅在产业链上完整、产业规模庞大，它还创造了多个全国之最，比如棉纺织、非织造布等产量全国第一。此外，在山东的很多城市，纺织服装工业早已成为享誉全国的地方产业名片。

2022 年北京冬奥上，科技感满满的山东纺织服装元素频频闪现：从制服装备、颁奖礼仪服装、比赛服装，到保暖絮片、石墨烯纤维、奥运场馆建造中用到的相关产品，以及整个冬奥会的过滤、除尘等防护工作中大量使用的产业用纺织品及非织造布材料。凭借着深厚的科技创新基础，创业者可以从中找到很多创业机会。

码上学习——
沿着"一带一路"出海去

码上学习——
青年接力传承传统非遗赋能乡村振兴

3. 进出口状况

如果创业者所在地区的进出口贸易量较大，还可以考虑做国际贸易项目。请思考，你所在的地区有没有在国际市场上具有竞争优势、适合做进出口贸易的产品？当地进出口服务便利化程度如何？例如，山东省金乡县是著名的大蒜之乡，有一位来自金乡的大学毕业生，主修国际贸易实务专业。通过市场调查，他发现金乡大蒜具有防癌等医疗功效，并且深受西方国家欢迎。因此他发掘身边的一切资源，利用自己大学中所学的国际贸易知识，将金乡的大蒜出口到英国，获得了 8 万元的利润，成功赚到了人生第一桶金。

4. 居民的技艺与技能

创业者可以通过了解所在地区的居民所具备的一些独特的技艺与技能,从中发现能够创造经济价值和社会价值的创业机会。请思考,你所在地区的居民是否掌握某种特色技艺或某种特殊的技能?例如,被誉为"中国的苗乡"重庆彭水,以苗歌、苗绣、苗艺等为代表的苗族文化传承至今。当地创业者通过"公司+培训+农户"的经营模式,安排居家就业近千人,尤其是当地留守妇女,通过彭水苗绣,她们有了在社会上大展身手的空间。

启智润心

我国非物质文化遗产资源丰富。中共中央办公厅、国务院办公厅印发的《"十四五"文化发展规划》明确提出,加强非遗传承人群培养。近年来,越来越多的"90后""00后"苦学技艺,成为非遗传承人,他们顺应时代,敢于创新,借助互联网平台,让其更加贴近生活,从小圈子逐步走向大市场。

(三)发现生活中的问题与痛点

善于发现自己及他人生活中遇到的问题,挖掘用户的痛点与需求,如果你能提出创新可行的解决方案,就是找到了创业的机会。例如,以"滴滴"打车为代表的网约车平台借助互联网技术,让等车的用户通过滴滴平台与司机建立起连接,解决用户痛点,让出行更高效。

4.5 如何通过发现生活中的痛点搜寻创业机会?

(四)改进、创新现有的产品或服务

创业者如果可以在了解已有市场和项目的基础上,分析现有客户群体、业务模式、成本结构、渠道来源等,找到竞争对手的软肋,发现已有产品与服务的不足,提出改进、完善或创新,依然可以发掘新的商机。例如,20世纪90年代的杀毒软件市场都是付费模式的,后来奇虎公司推出了360安全卫士,靠免费杀毒软件,快速获得用户,成为用户量第一的网络安全服务商。

4.6 如何改进现有的产品或服务搜寻创业机会?

(五)发挥创业者自身优势

创业者可以充分挖掘自身的兴趣、爱好、特长、资源等优势,选择适合自己发展的领域。例如,2016年年初,山东中医药大学的4位在校大学生创办了济南真艾堂艾灸制品有限公司,该公司以制售艾条、艾绒等艾制品为主,以网络销售为主要形式。团队中有的同学有丰富的网络销售经验,有的同学有深厚的针灸推拿知识。创业不仅没有影响他们的学业,反而能促进专业知识的应用。

4.7 如何通过发挥自身优势搜寻创业机会?

创业导师点拨

笔者近些年带领数百个创业团队参加各类创新创业大赛,评委问得最多也是最关心的问题是:"同学,请问你们为什么要做这个项目?"发现很多同学的回答往往都是"因为我是学这个专业的""因为我对这方面很感兴趣""因为我比较擅长这个领域",等等。这类的项目仅仅只是满足了自我的需求,被评委戏称为"自嗨"型项目。如果项目仅仅只是"自嗨",而不去谈政策行业市场需求,不聚焦政策行业,不去解决用户痛点,那么创业项目的价值就大打折扣,变现能力及商业前景也就无从谈起了。只有当痛点找对了,需求摸清了,项目才有价值,才有可能进行后续的变现及落地。常有人评价说:找对了痛点,项目就成功了一半。因此,识别创业机会除了自身优势外,还需要结合市场需求与用户痛点,以及政策变化与行业趋势,聚焦痛点,深挖需求,把握时机,才能迈出创业成功的重要一步。

二、影响大学生识别创业机会的因素

(一)个人因素

1. 先前经验

先前经验是个体关于特定主题的信息,可能是工作经验、教育经历或采取其他手段获取的结果。在特定产业中的先前经验有助于创业者识别机会。一方面,具有先前经验的创业者可能会遇到之前已经遇到过的问题,从而比较容易解决这些问题,与其他创业者相比能更容易识别创业机会。另一方面,在某个产业工作的人更了解这个产业相关的知识,也倾向于注意他们已经知道的信息以及相关的内容,从而能够发现还未被开发或未得到满足的市场或机会。例如,滴滴打车的创始人程维曾在阿里工作多年,积累了丰富的运营经验。后来他离职创办了小桔科技公司,主营业务就是滴滴打车。

2. 认知结构与创业的警觉性

创业者如果具有创新的思维、专业的知识、乐观的心态、敏锐的市场洞察力、较强的分析预测能力,就能获取别人难以接触到的有价值的信息,并运用自身优越的信息处理能力识别创业机会。例如,长期在证券交易所上班的金融分析师比高校的教师对金融行业的信息更敏锐,商机判断更准确。

(二)社会关系网络

社会网络能带来承载创业机会的有价值的信息,建立大量社会关系网络的人,也就是所谓的"人脉"广泛,比那些拥有少量人脉资源的人容易得到更多的机会和创意。尤其是认识更多相关的专家和业内人士,更容易帮助创业者在创业之旅中少走弯路。

（三）环境因素

创业环境包括宏观经济政策与制度、科学技术、产业结构、人口环境、自然环境、市场环境等。创业环境的变化既可能提供大量的创业机会，也可能对创业机会的实施造成困难。所以创业者要学会准确把握宏观政策，洞察行业趋势，分析竞争对手，迎合市场需求，创造商业价值。

三、创业机会的识别方法

4.8 识别创业机会的方法有哪些？

（1）新眼光调查法。①注重二级市场调查。即利用互联网搜索你需要的信息数据，阅读报纸、杂志、文章等进行调查。②开展初级调查。即访谈顾客、供应商、销售商，与他们零距离互动，了解目前行业与市场的现状，以及未来发展趋势。③及时记录你的想法，学会归纳、总结和反思。例如，瑞士最大的音像书籍公司的创始人有一本用来记录想法的笔记本，当记录到第200个想法时，他坐下来，回顾所有的想法，然后开办了自己的公司。

（2）系统分析法。人们可以从企业的宏观环境（政治、法律、技术、人口等）和微观环境（顾客、竞争对手、供应商等）的变化中发现机会。借助市场调研，从环境变化中发现机会，是发现机会的一般规律。

（3）问题导向分析法。问题导向分析法即寻找个体或组织的需求和他们所面临的问题。例如，20世纪90年代初期，开放的内地成为众多香港人打拼人生的新战场。经常往返于香港、顺德两地的王卫，经常受朋友所托捎带东西，于是他得出一个结论：香港与内地间的邮寄需求非常大，如果有一家快递公司，专门为香港和内地客户运送货物就好了。他说干就干，创办了顺丰快递。

（4）顾客建议法。顾客建议法即从顾客的各种建议中发现机会。顾客的建议多种多样，他们常常能够发现产品或服务的缺陷，从而提出一些能够更好完善产品和服务的建议。一个新的机会可能会由顾客识别出来，因为他们知道自己想要什么。例如，当顾客与你聊天的时候提到"如果有这样的新功能就更好了""我希望这个产品能设计得更轻便一些"等，那么我们应该留意顾客的建议与反馈，有助于发现和改善创业机会。

（5）需求创造法。这种方法在新技术行业中最为常见，它可能始于明显未满足的市场需求，从而积极探索相应的新技术和新知识，也可能始于一项新的技术发明，创业者进而积极探索新技术的商业价值。通过创造获得机会比其他任何方式的难度都大，风险也更高。但是如果能够成功，其回报也更大。

实践课堂

以小组为单位，围绕搜寻创业机会的五种途径展开讨论，获得更多的创业新想法，将信息填入下方表格中。

一、关注宏观政策与行业趋势变化

关注宏观政策与行业趋势变化	创业新想法
技术变革	
政治和制度变革	
社会结构变革	
产业结构变革	

二、调查创业地区的环境

调查你所处的环境	创业新想法
自然资源	
工商业发展状况	
进出口状况	
居民的技艺与技能	

三、发现生活中的问题与痛点

发现生活中的问题与痛点	创业新想法
问题与痛点 1	
问题与痛点 2	
问题与痛点 3	
问题与痛点 4	

四、改进、创新现有的产品或服务

改进、创新现有的产品或服务	创业新想法
改进、创新产品或服务 1	
改进、创新产品或服务 2	
改进、创新产品或服务 3	
改进、创新产品或服务 4	

五、发挥创业者自身优势

发挥创业者自身优势	创业新想法
1. 你的兴趣爱好有哪些？这些兴趣爱好是否有可能满足某些客户需求？	
2. 你擅长哪些技能？这些技能是否可以为别人提供某些技术服务或相关产品？	
3. 你对哪些行业比较熟悉？请判断这些行业当前是否存在商业机会？	
4. 你是否有可以利用的社会资源、资金资源和物质资源？思考它们可以给你创造什么价值？	
5. 你帮助别人解决过他们在工作和生活中遇到的困扰或麻烦吗？	

任务三　评价创业机会

4.9 如何评价创业机会？

学习加油站

一、创业机会评价的意义

通过前面的学习，我们掌握了搜寻与识别创业机会的方法。那么，发现了创业机会，就可以直接实施创业了吗？

课堂讨论

大学生李凡喜欢研究互联网应用，课余时间几乎都花费在了计算机和手机应用上。在学习的过程中，他认识了志同道合的伙伴，几个人经常在线上交流技术、分享心得。后来，凭借对市场的敏锐嗅觉，他与线上伙伴组成了创业团队，带领他们开发出了一款"线上记账"手机应用，并很快拥有了一批年轻的用户，为他们的创业赚来了第一桶金。

创业的初步成功极大地鼓舞了这个年轻的创业团队，他们计划将这个应用推向更广泛的用户人群。然而，创业中的各种问题接踵而至。首先，用户数量增加给服务器造成了较大的压力，运营维护成本越来越高。其次，他们的技术比较快地被他人模仿了，失去了前期的市场竞争优势。李凡他们不得不遗憾地放弃这个创业项目。

结合上述案例思考：大学生一旦明确了创业机会，就可以直接创业了吗？可能会存在哪些问题？

创业导师点拨

虽然大学生创意无限，但在发掘创业机会时经常欠缺商业思维，比如：

（1）忽略盈利模式及经济回报，没有想清楚这个项目真的赚钱吗？具体怎么赚钱？

（2）缺乏对行业和市场的认知。大学生眼界见识不足、创业经验匮乏，所以对行业级市场的认识很浅显。缺少市场调研和分析的习惯和方法的训练，盲目乐观自信，懒得去查找数据和信息（包括行业、市场、竞争者、用户等），从而忽略创业风险，导致决策缺乏依据和说服力，容易失败。

（3）竞争优势不突出，和市场上的同类企业相差无几，缺乏差异化与核心壁垒，无法打动和说服投资人。

不是每个创业机会都能带来成功，每个机会的背后都蕴藏着一定的风险，发现了创业机会并不意味着就能创业。对创业者而言，创业机会评估是非常重要的环节，对于创业成功与否、能否盈利都有着至关重要的作用。

二、创业机会评价的方法

(一) 蒂蒙斯的创业机会评价体系

"创业教育之父"杰弗里·蒂蒙斯提出的蒂蒙斯创业机会评价体系,涉及行业和市场、经济因素、收获条件、竞争优势、管理团队、致命缺陷、创业家的个人标准、理想与现实的战略性差异等 8 个方面的 53 项指标,创业机会满足越多指标,越具备可行性。蒂蒙斯创业机会评价体系具体内容如表 4-1 所示。

表 4-1 蒂蒙斯创业机会评价体系

评价要素	评价指标
行业和市场	1. 市场容易识别,可以带来持续收入 2. 顾客可以接受产品或服务,愿意为此付费 3. 产品的附加价值高 4. 产品对市场的影响力大 5. 将要开发的产品生命长久 6. 项目所在的行业是新兴行业,竞争不完善 7. 市场规模大,销售潜力达到 1000 万~10 亿元 8. 市场成长率在 30%~50% 甚至更高 9. 现有厂商的生产能力几乎完全饱和 10. 在五年内能占据市场的领导地位,达到 20% 以上 11. 拥有低成本的供货商,具有成本优势
经济因素	1. 达到盈亏平衡点所需要的时间在 1.5~2 年 2. 盈亏平衡点不会逐渐提高 3. 投资回报率在 25% 以上 4. 项目对资金的要求不是很大,能够获得融资 5. 销售额的年增长率高于 15% 6. 有良好的现金流量,能占到销售额的 20%~30% 7. 能获得持久的毛利,毛利率要达到 40% 以上 8. 能获得持久的税后利润,税后利润率要超过 10% 9. 资产集中程度低 10. 运营资金不多,需求量是逐渐增加的 11. 研究开发工作对资金的要求不高
收获条件	1. 项目带来的附加价值具有较高的战略意义 2. 存在现有的或可预料的退出方式 3. 资本市场环境有利,可以实现资本的流动
竞争优势	1. 固定成本和可变成本低 2. 对成本、价格和销售的控制较高 3. 已经获得或可以获得对专利所有权的保护 4. 竞争对手尚未觉醒,竞争较弱 5. 拥有专利或具有某种独占性 6. 拥有发展良好的网络关系,容易获得合同 7. 拥有杰出的关键人员和管理团队

续表

评 价 要 素	评 价 指 标
管理团队	1. 创业者团队是一个优秀管理者的组合 2. 行业和技术经验达到了本行业内的最高水平 3. 管理团队的正直廉洁程度能达到最高水平 4. 管理团队知道自己缺乏哪方面的知识
致命缺陷	不存在任何致命缺陷问题
创业家的个人标准	1. 个人目标与创业活动相符合 2. 创业家可以做到在有限的风险下实现成功 3. 创业家能接受薪水减少等损失 4. 创业家渴望进行创业这种生活方式,而不只是为了赚大钱 5. 创业家可以承受适当的风险 6. 创业家在压力下状态依然良好
理想与现实的战略性差异	1. 理想与现实情况相吻合 2. 管理团队已经是最好的 3. 在客户服务管理方面有很好的服务理念 4. 所创办的事业顺应时代潮流 5. 所采取的技术具有突破性,不存在许多替代品或竞争对手 6. 具备灵活的适应能力,能快速地进行取舍 7. 始终在寻找新的机会 8. 定价与市场领先者几乎持平 9. 能够获得销售渠道,或已经拥有现成的网络 10. 能够允许失败

评价体系说明:

(1)主要适用于具有行业经验的投资人或资深创业者对创业企业的整体评价。

(2)该指标体系必须运用创业机会评价的定性与定量方法才能得出创业机会的可行性及不同创业机会间的优劣排序。

(3)该指标体系涉及的项目比较多,在实际运用过程中可作为参考选项库,结合使用对象、创业机会所属行业特征及机会自身属性等进行重新分类、梳理简化,提高使用效能。

(4)该指标体系及其项目内容比较专业,创业者在运用时一方面要多了解创业行业、企业管理和资源团队等方面的经验信息,另一方面要掌握这50多项指标内容的具体含义及评估技术。

(二)创业机会评价的两种简便方法

蒂蒙斯的创业机会评价指标体系是到目前为止最全面的评价指标体系,这些评价标准经常被风险投资家使用。该评价体系运用,要求使用者具备敏锐的创业嗅觉、清晰的商业认知、丰富的管理经验和系统的行业信息,要求比较高。初次创业者或大学生创业者来做创业机会自评,效果不会太好。下面介绍两种更易操作的评价方法。

1. 标准矩阵打分法

标准矩阵打分法是指将创业机会评价体系的每个指标设定为三个打分标准，比如最好 3 分，好 2 分，一般 1 分，形成的打分矩阵表。在打分后，求出每个指标的加权评价分。

这种方法简单易懂，易操作。该方法主要用于不同创业机会的对比评价，其量化结果可直接用于机会的优劣排序。只用于一个创业机会的评价时，则可采用多人打分后进行加权平均。如果其加权平均分越高，说明该创业机会越可能成功。一般来说，高于 100 分的创业机会可进一步规划，低于 100 分的创业机会则需要考虑淘汰。

2. Baty 选择因素法

Baty 选择因素法可以看作标准矩阵打分法的简化版。评价者通过对创业机会的认识和把握，按照蒂蒙斯创业机会评价体系的各项标准，看机会是否符合这些指标要求。如果统计符合指标数少于 30 个，说明该创业机会存在很大问题与风险；如果统计结果高于 30 个，则说明该创业机会比较有潜力，值得探索与尝试。应用该方法时需要注意一点，如果机会存在"致命缺陷"，需要一票否决。致命缺陷通常是指法律法规禁止、需要的关键技术不具备、创业者不具备匹配该创业机会的基本资源等方面的系统风险。

（三）蒂蒙斯创业机会评价体系的简化改进

囿于蒂蒙斯创业机会评价体系的提出背景与局限，创业导师和创业者在实际进行创业机会评价时，通常会参考该指标体系，筛选出符合国情环境、行业特征与评价者特质的精简化的指标体系。下面介绍清华大学姜彦福的实证研究成果：10 项重要指标序列，见表 4-2。

表 4-2　清华大学姜彦福的创业机会评价体系

指 标 类 别	具 体 指 标
管理团队	创业者团队是一个优秀管理者的结合
竞争优势	拥有优秀的员工和管理团队
行业与市场	顾客愿意接受该产品或服务
致命缺陷	不存在任何致命缺陷
个人标准	创业家在承担压力的状态下心态良好
收获条件	机会带来的附加价值具有较高的战略意义
管理团队	行业和技术经验达到了本行业内的最高水平
经济因素	能获得持久的税后利润，税后利润率要超过 10%
竞争优势	固定成本和可变成本低
个人标准	个人目标与创业活动相符合

中创教育创始人徐俊祥通过大学生创业指导的实践研究，提出了一套简单易操作的评价体系，见表 4-3。

表 4-3　中创教育大学生创业机会评价体系

指 标 类 别	具 体 指 标
行业与市场	顾客可以接受产品或服务，愿意为此付费
	市场容易识别，可以带来持续收入
管理团队	创业者团队是一个优秀管理者的结合
个人标准	个人目标与创业活动相符合
竞争优势	固定成本和可变成本低
战略性差异	在客户服务管理方面有先进的服务或运营理念
经济因素	项目对资金的要求不是很大，能够获得融资
	能获得持久的税后利润，税后利润率要超过 10%
	有良好的现金流，能占到销售额的 20%~30%
致命缺陷	不存在任何致命缺陷

创业导师点拨

前面介绍的几种评价方法，类似于项目的可行性分析，可以帮助创业者分析其创意是否有继续发展成为一个企业的实际价值。值得注意的是，由于创业活动本身就具有很高的不确定性，创业者不可能按照框架中的所有指标对机会一一进行评价，往往只会选择其中某些若干重要和关键要素来判断创业机会的价值和吸引力。无论采用何种评价体系和评价方法，都需要考虑创业机会评价的基本标准。评价创业机会至少有以下 5 项基本标准。

（1）对产品有明确的市场需求，推出的时机也是恰当的。
（2）投资的项目必须能够维持持久的竞争优势。
（3）投资必须具有一定的高回报，从而允许一些投资中的失误。
（4）创业者与机会之间必须相互合适。
（5）机会中不存在致命的缺陷。

最后，提醒各位创业者，创业过程当中存在诸多不确定性导致结果难以准确预测，切勿事事都强调证据，否则容易把困难放大，弱化创业者承担风险的勇气，创业者还需要在行动中不断进行检验和改善。

实践课堂

评价创业机会

参考中创教育的创业机会评价体系，运用标准矩阵打分法，分别为两个备选的创业机会进行打分，得分高者为最终选择的创业机会，并据此确定该创业机会的优势。

创业机会 1：_____

指标类别	具体指标	评 分		
		很好（3分）	好（2分）	一般（1分）
行业与市场	顾客可以接受产品或服务，愿意为此付费			
	市场容易识别，可以带来持续收入			
管理团队	创业者团队是一个优秀管理者的结合			
个人标准	个人目标与创业活动相符合			
竞争优势	固定成本和可变成本低			
战略性差异	在客户服务管理方面有先进的服务或运营理念			
经济因素	项目对资金的要求不是很大，能够获得融资			
	能获得持久的税后利润，税后利润率要超过10%			
	有良好的现金流，能占到销售额20%~30%			
致命缺陷	不存在任何致命缺陷			
合计得分				

创业机会 2：_____

指标类别	具体指标	评 分		
		很好（3分）	好（2分）	一般（1分）
行业与市场	顾客可以接受产品或服务，愿意为此付费			
	市场容易识别，可以带来持续收入			
管理团队	创业者团队是一个优秀管理者的结合			
个人标准	个人目标与创业活动相符合			
竞争优势	固定成本和可变成本低			
战略性差异	在客户服务管理方面有先进的服务或运营理念			
经济因素	项目对资金的要求不是很大，能够获得融资			
	能获得持久的税后利润，税后利润率要超过10%			
	有良好的现金流，能占到销售额的20%~30%			
致命缺陷	不存在任何致命缺陷			
合计得分				

项目四考核评价

评价阶段	评价内容	分值	学生自评	小组互评	教师评价	平台数据	备注
课前探究	微课视频完成度	10					
	即练即测	10					
课中实训	任务1实训完成情况	20					
	任务2实训完成情况	20					
	任务3实训完成情况	20					
课后拓展	码上学习完成度	10					
	巩固提升	10					
项目四总评得分			学生签名				

注：1. 平台数据完成的打"√"，未完成的打"×"。

2. 项目评价分值仅供参考，教师可以根据实际情况进行调整。在本项目完成之后，采用过程性评价与结果性评价相结合，综合运用自我评价、小组评价和教师评价3种方式，由教师确定3种评价方式分别占总成绩的权重，计算出学生在本项目的考核评价的最终得分。

课后思考题

1. 有价值的创业机会应该具备什么特征？
2. 如何搜寻和发现创业机会？
3. 创业机会的识别方法有哪些？
4. 对创业机会进行评价可以采用哪些评价方法？

书香致远

1. 林锐. 天性：长久需求和无限商机之源 [M]. 北京：电子工业出版社，2021.
2. 伦纳德·A. 施莱辛格. 创业：行动胜于一切 [M]. 北京：北京大学出版社，2017.

复盘反思

哪些内容让你印象深刻？	你获得了哪些方法和能力？
学习中的困惑有哪些？	接下来你可以采取哪些行动提升？

项目五
创业何须"万事俱备"——整合创业资源与融资

项目导入

创业资源的获取和整合是创业成功的保障。常言道："巧妇难为无米之炊。"如果在创业过程中创业者无法获取所需要的各类资源，就如同"无源之水，无本之木"，即使拥有好的创业机会、再优秀的创业团队，也无济于事。

哈佛商学院教授霍华德·史蒂文森说：创业者在企业成长的各个阶段都会努力争取用尽量少的资源来推进企业的发展，他们需要的不是拥有资源，而是要控制这些资源。在创业过程中，创业者必须要把资源时刻放在反复估量权衡的重要位置，将新创企业所需要的各类要素有效地组合，形成新的产品或服务，才能创造出新的价值。在本项目中，我们主要学习如何获取和整合创业资源以及创业资金的筹措。

学习目标

知识目标：

1. 熟悉创业资源的内涵、类型；
2. 掌握获取战略性创业资源的途径；
3. 掌握创业资源的整合技巧；
4. 了解创业融资渠道的类型；
5. 掌握一定的创业融资策略。

能力目标：

1. 能够盘点和识别出一个创业企业所需要的创业资源；
2. 能够运用一定的技巧和方法进行创业资源的获取与整合；
3. 能够根据创业企业实际情况估算企业的创业启动资金，选择恰当的融资渠道并制定创业融资策略。

素质目标：

1. 培养艰苦创业、玉汝于成的意识；
2. 培养资源开发与整合的能力，特别是盘活闲置资源的能力，让它们产生超越自身的价值；
3. 增强信用意识和契约精神。

创客先锋

"猪倌"王元虎：带动新农人，发展新农业

在济南市章丘区双山街道三涧溪村北部，一栋巨大的粉红色猪形建筑"章小福"格外引人注目，这是济南源虎食品有限公司总经理王元虎打造的一个充满"猪"元素的产学研融合的农乐园。在三涧溪村，他有着好几个"第一"的头衔：第一批返乡创业的大学生、第一个流转土地的村民、第一位青年创业党支部书记。

创业初期，王元虎面临资金短缺的难题，村党委书记高淑贞抵押了自己的房产，带着他们在村里挨家挨户借钱筹措资金。这家曾经艰难起步的企业，如今发展成为济南市农业龙头企业，年销售收入过千万元。

光会养猪不行，还要把猪养出名堂来。王元虎对第一产业的黑猪养殖进行了产业升级。他与科研院所合作，优化种质资源，成立了章丘区第一个种猪场；开展了蛋白桑发酵养猪降本增效实验，通过桑树粉碎发酵可作为部分猪饲料代替豆粕，每头猪饲料的成本不仅明显下降，并且新培育的黑猪在体型、产仔率、耐粗饲、出肉率、肉质、味香上均显著提升。

"章小福"的农乐园主体建筑，是由8700平方米的旧猪舍转型成的。腾空猪舍的再利用，对第一产业黑猪养殖进行产业升级，是王元虎建设"章小福"农乐园的初心。在原有一产种养基础上，现在的园区不仅有用于农产品分拣、包装、冷链仓储的功能区，还有农创空间，包括休闲观光、劳动体验、农事科普、研学旅游等，一二三产业融合发展在加速推进。

2018年6月14日，习近平总书记考察三涧溪村时，对王元虎和李少清小两口的回乡表示肯定，并提出"说一千、道一万，增加农民收入是关键"。为带动村民增收，王元虎带领返乡的121位年轻人共同出资139万元，成为"乡村振兴合伙人"，组建合作社，实行统一育种、统一饲料、统一回收、统一销售。2021年他们种植的西红柿每天产量有一千多斤，售价在8元左右，年底分红达到10.6%，大家参与的积极性很高。

这片集科研、种植、养殖于一体的农业农创园，也为创业青年们搭建了创业实干的平台。通过直播带货，不仅提高了销量、增加了收入，也吸引了更多的年轻人返乡创业。

党的二十大报告指出要全面推进乡村振兴，坚持农业农村优先发展。王元虎下一步打算拓展三涧溪村乡村农创空间，招募对乡村振兴有情怀有梦想的大学生参与校外实训和创业创客，让他们发挥自己的特长，助力乡村产业和产品的开发升级。

（资料来源：田汝晔，王开智."猪倌"王元虎：带动新农人，发展新农业[N/OL].齐鲁晚报，2022-10-21.）

思考：

1. 王元虎创办农业企业涉及了哪些创业资源？
2. 王元虎用了哪些方法来整合和筹措所需创业资源？

任务一　识别创业资源

一、创业资源的内涵

创业资源是指企业创立以及成长过程中所需要的各种生产要素和支撑条件，它是能为创业企业创造价值的特定资产。创业资源是创业企业从生存到发展再到壮大所必不可少的基础，创业企业对创业资源的获取与整合贯穿整个创业过程。

5.1 如何盘点你的创业资源？

二、创业资源的类型

（一）按来源分类

按创业资源来源不同分为自有资源和外部资源。

（1）自有资源。自有资源是创业者或创业团队自身所拥有的可用于创业的资源，如创业者的自有资金、技术，自建的营销网络。自有资源的拥有状况在很大程度上影响甚至决定我们获取外部资源的结果。自有资源可以帮助我们获得和运用外部资源，因此创业者首要致力于扩大、提升自有资源。

（2）外部资源。外部资源是创业者从外部获取的各种资源，包括从亲戚朋友、商务伙伴或其他投资者募集到的资金、经营场所、设备或其他原材料等。运用外部资源是一种非常重要的方法，在企业的创立和早期成长阶段尤其如此。获取外部资源的关键是具有资源的使用权并能控制或影响资源部署。

（二）按存在形式分类

按创业资源存在形式不同分为有形资源和无形资源。

（1）有形资源。有形资源是指可见的、具有物质形态的、价值可用货币度量的资源，如厂房、机器设备、原材料、产品、资金。

（2）无形资源。无形资源是指具有非物质形态的、价值难以用货币精确度量的资源，如信息资源、人力资源、政策资源、企业声誉、技术、专利。

（三）按性质分类

按创业资源性质不同可分为人力资源、社会资源、财务资源、物质资源、技术资源、组织资源。

（1）人力资源。人力资源不仅包括创业者及创业团队的知识、技能和经验等，也包括团队成员的专业智慧、判断力、视野和愿景。人力资源在整个企业的创办过程中起着至关重要的作用，是创业核心资源之一。初创企业想要获得成功，必须建设好完备的人力资源体系，注重对人才的规划。

（2）社会资源。社会资源主要是指由人际和社会关系网络而形成的关系资源，也就是"人脉"。在创业的过程中，拥有丰富社会资源的创业者更容易整合更充裕的社会资源，获取别人难以接触或者先于别人获取有价值的资源，所以创业者应该注重利用社会关系网络撬动更高的社会资源。

（3）财务资源。财务资源主要是指以货币形态存在的资源，包括资金、资产、股票等。充足的资金有助于新创企业的持续发展。

（4）物质资源。物质资源是指企业在创业过程和经营活动中所需要的有形资源，如房屋及建筑物、机器设备、生产材料等，也包括一些自然资源，如矿山、森林等。

（5）技术资源。技术资源包括关键技术、工艺流程、专业生产设备等，它是最关键的创业资源之一。所创建的企业是否掌握创业需要的"核心技术"或"根部技术"，是否拥有技术的所有权，决定着创业的成本，以及新创企业能否在市场中取得成功，高科技创业更是如此。

（6）组织资源。组织资源包括组织结构、制度化和正规化企业管理、企业诊断、市场营销策划等，有时候组织资源还包括创业者的个人魅力。一般来说，人力资源需要组织资源的支持，才能更好地发挥作用；企业文化、品牌也需要在良好的组织环境中培养。

（四）按其在创业过程中的作用分类

按创业资源在创业过程中的作用可分为运营性资源和战略性资源。

（1）运营性资源。运营性资源包括人资资源、技术资源、物质资源、组织资源等。

（2）战略性资源。战略性资源是指能够建立竞争优势的资源，是与普通资源相对应的资源。战略性资源具有稀缺性、高价值性、不可替代性和不可复制性等特点。创业者要建立新创企业的持续竞争优势，就需要控制、整合和充分利用战略性资源。例如，刘霞冰，广西壮族自治区钦州市灵山县人，其父亲是灵山竹编技艺的非遗传承人，她从小耳濡目染也掌握了一些手艺。毕业后，她回到农村老家，和父亲一起经营竹编工坊，做抖音电商，并打造出"爆款"猫窝，带动当地600多人增收就业。对刘霞冰来说，独特的手工技艺和创新的设计就是战略性资源。

创业导师点拨

（1）创业者既要善于积累个人资源，也要善于创造性地整合外部资源，从而给创业创造良好的条件。尤其要整合属于自己的战略性资源，这是企业获得竞争优势的前提。

（2）资源对于企业来说很重要，但以适用够用为原则。"多多益善"不可取，任何资源的获取都是有代价的。只有新创企业发展需要的资源，才是资源获取的目标。

（3）不同的发展阶段，不同的资源对企业的影响是不同的。创业者要分清其主导作用和辅助作用的资源。通常来说资金、技术、人才是企业的关键资源，需要重点关注。

实践课堂

一、创业资源分析与选择

以小组为单位，讨论假如你要成立一家培训公司，现有以下12种资源可供选择，请从中选出4种重要的创业资源进行排序，并说出你选择它们的理由。

资 源 名 称	排 序 序 号
投资50万元，需占50%的股份	
资深运营总监	
与教育主管部门合作的机会	
获得一套完善的网络培训平台	
与知名师范大学合作的机会	
较偏远、租金低、面积大的场地	
获得一套专业的培训课程	
资深培训专家	
银行有息（7%）贷款10万元	
资深培训顾问	
与某知名培训集团合作的机会	
市中心租金高、面积小的场地	

二、盘点你们的创业资源

以小组为单位,对你的创业资源进行分类整理并进行评估。

1. 盘点你的内部资源。

内部资源的分类	具 体 内 容
资金(现金、银行存款及现金等价物)	
房产	
交通工具(如汽车、货车、电动车等)	
技术专长	
信用资源	
经验	
个人能力	
其他资源	

2. 盘点你的外部资源。

外部资源的分类	具 体 内 容
政府资源(财政扶持政策、税收政策、政府采购政策等)	
社会资源(人脉、社会关系)	
人力资源	
信息资源	
技术资源	
行业资源	
其他资源	

3. 建立创业资源库。

将盘点的内部资源和外部资源合并成你的创业资源库,为日后创业所用,并思考如何才能有效地获取和整合到你所需要的资源。

任务二　获取与整合创业资源

5.2 如何获取战略性的创业资源？

资源整合的理念可以追溯到中国古代。荀子在《劝学》中说："假舆马者，非利足也，而致千里；假舟楫者，非能水也，而绝江河。君子生非异也，善假于物也。"

创业者能否成功开发出机会，通常取决于他们掌握和能整合到的资源，以及对资源的利用能力。许多创业者早期所能获取与利用的资源都是相当匮乏的，而优秀的创业者在创业过程中所体现出的卓越创业技能之一，就是创造性地整合和运用资源，尤其是那种能够创造竞争优势，并带来持续竞争优势的战略资源。对创业者而言，一方面要借助自身的创造性，用有限的资源创造尽可能大的价值；另一方面要设法获取和整合各类战略资源。

一、获取战略性创业资源的途径

（一）技术资源

（1）独立研发新技术。独立研发新技术能保证团队对技术的绝对占有权，以及团队对创业经营活动的控制权。如，大疆创新科技有限公司是国内致力于无人机研发和应用的领先企业，该企业的核心技术均为自主独立研发，生产的每一个零部件都是在中国生产的，不用担心技术封锁等问题。但这种获取技术资源的方式会让创业者面临漫长的开发周期，承担较大的资金压力及巨大的开发风险，甚至未知的市场风险。

（2）吸引技术持有者加入创业团队。雇用技术持有者作为创业项目的员工，不仅能节省培训费用，还可以促进技术的进一步开发与创新。也可以让技术持有者以技术入股，让他成为创业团队成员，好处是创业项目能以最快的速度引入最关键的技术资源。但这种方式也存在弊端，如创业项目受技术持有者是否愿意加盟的影响、创业者对创业项目的控制削弱等。

（3）通过产学研合作研发新技术。企业可以整合企业之外的技术资源，积极与科研院所、高等院校合作，实现技术成果的转化。如，出生在日照的小伙徐广森，大学期间创立了"茶照红乡"团队。在日照市茶叶科学研究所的帮助下，团队研发出了无性系茶种苗，极大缩短了生长周期，不仅产量增加，优品率也提高了30%。

（4）购买他人的成熟技术。通过购买他人的成熟技术，创业者可大大节约时间，在对技术进行市场寿命分析的基础上，可直接进入产品量产阶段，有利于及时抓住商机。

（5）购买他人的前景型技术。前景型技术相对于成熟技术而言，购买的成本较低。企业可以在购买他人的前景型技术后，根据自身的实际情况进行后续研发，提升技术的应用价值。例如，当年赵燕在北大研修时，结识了来自山东药物研究院的科学家郭学平。郭学平早些年获得了微生物定向发酵技术专利，大大降低了玻尿酸的成本。为此还创办了公司，但经营状况不佳。通过与郭学平进行交流，赵燕敏锐地意识到玻尿酸在护肤领域拥有广阔前景。经过考察后，她拿出资金，将郭学平他们的公司买下来，更名为华熙福瑞达生物科技股份有限公司(华熙生物的前身)。借助郭学平的技术，华熙生物靠生产玻尿酸，成了全球最大的玻尿酸原料生产商。

创业导师点拨

作为准备创业的大学生，可以多关注各高校实验室、老师或者同学的研发成果，关注科技信息，浏览科技报道，留意科技成果，从中发现具有商机的技术。政府机构、同行创业者或同行企业、专业信息机构、图书馆、大学研究机构、新闻媒体、会议等，都是我们获取信息的渠道。

（二）人力资源

创业者可以通过充实自我、拓展人脉资源等方式充分重视人力资源的开发。

1. 充实自我

创业者及其团队成员是创业企业最重要的资源，也是人力资源开发的核心内容。可以通过学习能力、沟通能力、领导能力、管理能力的训练不断提升自我，满足企业日益发展的需求。

2. 拓展人脉资源

社会网络资源对于项目管理、资源筹集、风险控制等具有很重要的作用，需要构建合理的机制、进行科学的规划来开发。

（1）认真规划人脉资源。在制定人脉规划时，应注意人脉资源结构的科学合理性，关注性别、年龄、行业、学历结构等；平衡物质和精神方面的需要，重视心智方面的需要；注意人脉的深度、广度和关联度。

（2）积极拓展人脉资源。一般来说，人脉资源的拓展主要有熟人介绍、参与社团、利用网络等途径。

第一，熟人介绍。熟人介绍是一种事半功倍的人脉资源扩展方法，它具有倍增的力量。可以加快人与人信任的速度，提高合作成功的概率。创业者应充分利用朋友的朋友或他人的介绍等方式拓展人脉资源。

第二，参与社团与社群组织。社团与社群活动可以增强人际互动和联系。如果能在集体活动中扮演组织者的角色，还能得到服务他人的机会，使人脉之路自然延伸。

第三，利用自媒体平台。在自媒体（如微信、微博、抖音等）发达的今天，给创业者快速拓展人脉提供了更多便利。例如，我们可以利用微信群，将亲友或兴趣相同的人集中起来，获取信息，推介自己，共享资源，进行深度沟通与交流。

（3）科学经营人脉资源。建立和维持人脉资源需要坚持互惠互利、诚实守信、善于分享和"2/8"原则。创业者在人际交往中应切记诚实守信的原则,将信用作为处理人际关系的必守信条。在开发人脉资源时不能平均使用时间、精力和资源,而要区别对待,对可能影响我们前途和命运的20%的"重要人士"要花费80%的时间、精力和资源。

二、善用资源整合技巧

(一)创造性拼凑

创造性拼凑就是在资源束缚下,创业者整合手边的已有资源,创造出独特的服务和价值的行为。很多优秀的创业者都是拼凑高手,通过加入一些新元素,与已有的元素重新组合,其组合可能会超越或突破原有系统水平,形成在资源利用方面的创新行为。

5.3 创业资源如何创造性拼凑?

📢 课堂讨论

近年来,我国快递业发展十分迅猛。据研究数据表明,我国快递业每年消耗的纸类废弃物超过900万吨。如果大量的快递纸盒被丢弃,既带来了严重的垃圾污染问题,也造成了大量的可回收资源的浪费。请你想想"快递纸箱"除了打包发货外,还有哪些用途?想得越多越好。

✍ 创业导师点拨

很多时候我们会抱怨自己缺少创业资源,但其实在我们的身边有大量的闲置资源没有被充分利用起来。只要发挥创新思维,换个思维和视角,或许那些看似无用、废弃的资源也可以为我们所用,创造更大价值。就像是随处可得的快递纸箱,能够做很多有意义的事情。

1. 创造性拼凑整合策略的三要素

(1)手边的已有资源。充分使用可轻易获得的,或非常便宜甚至是免费的资源。创业者将资源创造性地整合在一起,使其发挥新的效用。例如,从小在章丘白云湖边长大的韩莹莹,看到每年秋天大片的野生荷叶烂在湖里,感到特别心疼。这么好的资源能不能变"废"为宝呢?2016年韩莹莹辞去工作,在上网搜索、到图书馆查阅资料、咨询泰安林科院的相关专家后,筹集8万元买了一套二手茶叶炒制设备,开始了"荷叶茶"自产自销之路。在不懈的努力下,目前她已经有了占地20余亩的茶厂,研究出集种植、研发、加工、销售于一体的全产业链荷叶茶生产模式,带动乡亲共同致富。

(2)整合资源用于新目的。当面对新问题时,创业者善于发掘"零碎资源"的潜力,进行创造性整合。例如,山东章丘的石子口村盘活闲置资源,依托自然风貌,突出石文化特点,对石头房子进行升级改造,形成了集文化休闲、生活美学、乡村修学、农耕体验于一体的乡居美学综合体，推动了石子口村旅游发展。2022年被农业农村部评为"中国美丽休闲乡村"。

（3）将就使用。在时间紧迫和资源不足的情况下，创业者对废旧材料或者其他系统的材料进行拼凑使用。例如：购买二手设备代替全新且昂贵的设备；创业团队成员身兼数职，减少外部招聘的费用。

码上学习——
15岁小姑娘养绿头苍蝇授花粉

2. 全面拼凑和选择性拼凑

（1）全面拼凑。全面拼凑是指创业者在物质资源、人力资源、技术资源、制度规范和市场等诸多方面长期使用拼凑的方法，在企业现金流步入稳定后依然没有停止拼凑的行为。使用全面拼凑的企业会表现出以下特点：过分重视"零碎资源"，经常收集储存各种工具、材料、旧货等；偏重个人技术、能力和经验；不太遵守工艺标准、行业规范、规章制度。创业企业在每个领域都采用拼凑手段，久而久之容易被大众认定为标准低、质量次的"拼凑型"企业。

（2）选择性拼凑。选择性拼凑是指创业者在拼凑行为上有一定的选择性。在应用领域上，他们往往只选择在一到两个领域内拼凑；在应用时间上，他们只在早期创业资源紧缺的情况下采用拼凑，随着企业的发展逐渐减少拼凑，甚至到最后完全放弃拼凑。由此企业得益摆脱拼凑型企业的阴影，逐步走向正规化，满足更广泛的市场需求。

启智润心

华为公司成立于1988年，华为总裁任正非始终以企业文化为先导来经营企业，"垫子文化"代表了华为人的奋斗史。创业初期，华为的研发部从五六个开发人员开始，在没有资源、没有条件的情况下，大家以勤补拙，刻苦攻关，夜以继日地钻研技术方案，开发、验证、测试产品设备，没有假日和周末，更没有白天和黑夜，累了就在地板上睡一觉，醒来接着干，这就是华为"垫子文化"的起源。创业初期形成的"垫子文化"记录的是老一代华为人的奋斗和拼搏，是华为宝贵的精神财富。创业之初，华为没有资金，是创业者们把自己的工资、奖金投入公司，每个人只拿很微博的报酬，绝大部分干部、员工长年租住农民房。正是老一代华为人"先生产，后生活"的奉献精神，才让华为挺过了最困难的岁月，才有了华为的生存、发展，才有了今天的华为。没有他们当时的冒险投入和艰苦奋斗，华为不可能生存下来。更重要的是，他们奠定与传承了华为优秀的奋斗和奉献文化。

（二）步步为营

（1）有原则的节俭。设法降低资源的使用量，降低运营成本。对于准备创业的大学生来说，租办公场所也会花费不少资金。正在创业的大学生选择入驻孵化器会节省很大一笔开支，可以把钱投资

5.4 创业资源整合如何做到步步为营？

到更为关键的地方。因为孵化器的建立与国家鼓励创新创业的政策相关，无论是办公室还是工位价格都十分低廉，有部分孵化器为了鼓励创业甚至会免除租金。除此以外，创业者为了降低固定成本投资可以把企业的非核心业务（如仓储、运输等）外包给其他专业公司完成。但要注意的是过分强调成本的降低，是不可取的。例如，有的创业者为了降低生产成本，故意以次充好、偷工减料，或者无视当地的环保要求，给客户或公众造成了损害。即便企业短时间内能赚钱，但制约了其长期发展，甚至企业还要承担法律责任。

（2）自力更生。企业不过多依靠外部资源的支持，这样可以减少经营风险，保留对企业业务的控制权。例如，全国最大的民营钢铁企业——沙钢集团，1975年建厂初期，面对一无技术、二无设备、三无原辅材料等重重困难，沙钢人自力更生，艰苦奋斗，土法上马，拜师学艺，用冷条切头轧制钢材，在国营大钢厂的夹缝中求生存。经过近10年的发展建设，沙钢成为国内重要的窗框钢生产基地。

创业导师点拨

由于所处环境的不断变化，创业者无法清楚地指导未来的发展方向，只能"摸着石头过河"，通过不断地试错来逐渐调整、优化目标。这在创业活动中具体表现为创业者先投入部分资源，然后看资源的产出效果如何，并以此作为下一阶段资源投入的评判依据。若对上一阶段的资源产出满意，创业者会考虑进一步追加资源；若不满意则很可能选择放弃，并重新寻找创业机会。

（三）发挥资源杠杆效应

发挥资源杠杆效应就是以尽可能少的付出获取尽可能多的收获。对创业者来说，容易产生杠杆效应的资源，主要包括人力资源和社会资源等非物质资源。

5.5 如何发挥资源杠杆效应？

启智润心

时值诸侯割据、战事不断，战国名相范蠡发现了一个巨大的市场需求，吴越一带需要大量战马，同时北方多牧场、马匹便宜又彪悍。如果能将北方的马匹低成本、高效率地运到吴越，一定能够大获其利。可问题是买马和卖马都不难，运马很难。千里迢迢、人马住宿费用代价高昂且不说，要命的是当时正值兵荒马乱，沿途常有强盗出没。经过一番调查，范蠡了解到北方有一个很有势力、经常贩运麻布到吴越的巨商姜子盾，姜子盾因常贩运麻布早已用金银买通了沿途强盗。于是范蠡就把目光锁定在了姜子盾的身上。在获知某日姜子盾将要经过城门时，范蠡写了一张告示贴在城门口，大意是：他新组建了一支马队，开业酬宾，可免费帮人向吴越运送货物。果然，姜子盾看了告示之后主动找到范蠡，求运麻布，范蠡满口答应。就这样范蠡与姜子盾一路同行，货物连同马匹都安全到达吴越，马匹在吴越很快就卖出去了，范蠡获得了巨大的商业利益。范蠡成功地发现机会，整合和利用社会资源，变不可能为可能。范蠡一生艰苦创业，又能广散钱财救济贫民且淡泊名利，被后世尊为商圣。

同样，就像我们每个人都生活在社会大集体中一样，企业也不可能孤立存在。企业经营在不断与外界发生信息和能量的交换。我们完全可以从社会中挖掘和整合，低成本利用沉淀的、甚至免费的资源，缔结战略合作伙伴，寻找企业获利和发展壮大的机会。

（四）充分利用自身拥有的创业资源

目前国家对大学生创新创业工作非常重视，给予大学生诸多创业资源的帮扶。有创业意愿的大学生应该留意相关帮扶政策并将资源为自己所用，提升创业成功率。

5.6 大学生如何充分利用自身拥有的创业资源？

启智润心

2021年夏初，济南职业学院创业学院应届毕业生闫廷硕创办了山东省创学邦教育科技有限公司。闫同学刚入校时被济职录取的专业跟创新创业相差较远，幸运的是在济南职业学院，全体在校学生均可通过"两平台三模块"专创融合的课程体系学习创业理论与实践、学科专业前沿等通识课程以及体现行业特点、融入创新创业思维和方法的专业课程。在该课程体系基础上，有创业意愿的学生将继续学习创业指导及实训课程；已经有创业项目的学生会被选入创新创业训练营，继续接受"一三一四"导师辅导，获得企业经营管理类的指导与帮助。闫同学便是在训练营里被发现的。通过训练营的学习和培训，他解开了困惑，获得了灵感。为了解决他的后顾之忧，学校将他转到了创业学院，指派了创业导师进行一对一指导，助其打磨完善创业项目。同样从训练营走出，现已实现自主创业的还有山东星辰信息安全技术有限公司首席执行官等一批创业新星。

济南职业学院近年来构建了具有济职特色"四创"（创意、创新、创业、创效）教育生态系统：通过举办训练营、大讲堂等促进创新创业种子发芽；通过校企合作，为创新创业的成长提供养分；通过建立千人创业导师库，对创业禾苗进行运营管理能力浇灌；通过与政府、机构合作，为创新创业提供大气环境。

2021年9月，国务院办公厅印发了《关于进一步支持大学生创新创业的指导意见》，目前各个高校都把创新创业教育工作放到了重要位置，为大学生创新创业保驾护航。因此，大学生要充分利用本校提供的各种创新创业扶持政策，如给予各类创业项目人员招募、办公场地、设备、资金、技术等方面的支持，以使其增强信心和底气。

体验白手起家

组建一个4~6人的团队,假设现在你们团队创业启动资金只有100元,看一周后能创造多少利润。

1. 讨论并设计出行动方案。注意:这100元是创业团队拥有的唯一种子资金,此资金不能用于从事非法活动(如赌博、诈骗等),也不能参与抽奖、购买彩票等活动;在活动期间,不能找亲友募集资金。团队的计划要尽可能详细、具体,并估算出可能赚取的利润额。

2. 行动起来,实施团队计划。一周后,来看看哪个团队赚得了最多的利润。

3. 活动结束后进行反思。各团队的团队计划是怎样实施的?最终的结果如何? 100元发挥了什么作用?成功和失败的因素有哪些?

4. 评选出利润额最高的团队和最具合作精神的团队。

任务三　筹措创业资金

5.7　常见的创业融资渠道有哪些？

一、创业融资渠道的选择

创业融资渠道是指创业企业筹措资金的方向和通道，体现了资金的来源和流量，了解企业的融资类型和融资方式，对企业的生存和发展是极其关键的。常见的创业融资渠道有以下几种。

（一）私人资本融资

据统计我国私营中小企业在初始创业阶段几乎完全依靠自筹资金。其中90%以上的初始资金由创业团队成员、家庭提供，银行和其他金融机构贷款所占比例很小。具体来说私人资本融资的途径有以下几种。

1. 个人积蓄

用创业者自己积攒的积蓄创业是企业在创立初期和经营过程中很重要的一个资金来源。这种融资方式的优点是有利于创业者控制企业且占有绝大部分的股份，可以长期使用，并且没有还款的压力；缺点是筹资数额往往有限，一旦创业或经营失败，个人多年的积蓄会付之东流。

2. 亲友资金

除了创业者本人的积蓄外，向亲人和朋友借款也是常见的资金来源。这种融资建立在一定的亲情、友情关系上，更容易产生信赖感。优点是筹措资金速度快，风险小，成本低，方便灵活；缺点是创业失败，会带来资金风险，甚至无力偿还借款，对双方的感情和关系有负面影响。

3. 合伙人融资

合伙人融资是最稳健的融资方式，因为合伙人都是一条绳上的"蚂蚱"，合伙经营是一个共同投资、风险共担的过程，大家能够做到"有福同享、有难同当"。这种融资方式的优点是充分发挥人才的作用，有利于整合和利用各种资源，降低创业风险；缺点是合伙人多了，容易产生意见分歧和内部矛盾，降低办事效率，不利于合伙企业的稳定。

4. 天使投资

天使投资是指自由投资者或非正式风险投资机构，对处于构思状态的原创项目或小型初创企业进行的、一次性的前期投资。创业企业早期需要资金，但是资金来源非常有限，因此会寻求天使投资的支持。当天使投资人对创业项目的前景比较看好时，会愿意在业务还未开始之前就向创业企业投入资金，因此天使投资被称作创业者的"婴儿奶粉"。

（二）机构融资

和私人资金相比，机构拥有的资金数量较大，挑选被投资对象的程序比较正规，获得机构融资一般会提升企业的社会地位。机构融资的途径主要有以下两种。

1. 银行贷款

（1）抵押贷款。抵押贷款是指借款人以其所拥有的财产作抵押，作为获得银行贷款的担保。在抵押期间，借款人可以继续使用其用于抵押的财产。

（2）担保贷款。担保贷款是指借款方向银行提供符合法定条件的第三方保证人作为还款保证的借款方式。当借款方不能履约还款时，银行有权按照约定要求保证人履行或承担清偿贷款连带责任。

（3）政府无偿贷款担保。根据国家及地方政府的有关规定，很多地方政府都为当地的创业人员提供无偿贷款担保。应届毕业生可先向当地人力资源社会保障部门了解无偿贷款担保政策，然后提交毕业证、创业资料等，获得人力保障部门出具的资格认定，再申请相应贷款。例如，山东省针对大学生自主创业、创办符合条件的小微企业分别享受最高额度 10 万元、300 万元的创业担保贷款。在电商平台开办网店符合条件的，享受创业担保贷款和贴息。

2. 非银行金融机构贷款

非银行金融机构是指以发行股票和债券、接受信用委托、提供保险等形式筹集资金，并将所筹资金运用于长期性投资的金融机构。非银行金融机构包括经银监会批准设立的信托公司、企业集团财务公司、金融租赁公司、汽车金融公司、农村和城市信用合作社、典当行、保险公司、小额贷款公司等机构。

（三）风险投资

风险投资是由专业机构提供的投资于极具增长潜力的创业企业并参与其管理的权益资本。风险投资的英文是 venture capital，简称 VC，我们常把风险投资比作创业者的"维生素 C"。风险投资机构倾向于把资金投入新兴的、具有高新技术、迅速发展并且有巨大竞争潜力的创业企业。能够最终获得风险投资的企业凤毛麟角，仅有 2%~4%。

（四）政府扶持基金

政府扶持基金的支持方式包括税收优惠、财政补贴、贷款援助、风险投资和开辟直接融资渠道等。政府扶持基金被称作是创业者的"免费皇粮"，创业者应该善于利用相关政策扶持，借力而行。但要注意的是政府每年的投入有限，筹资者需面对较为激烈的竞争。

(五) 知识产权融资

知识产权融资可以采用知识产权作价入股、知识产权抵押贷款、知识产权信托、知识产权证券化等方式。

启智润心

大学生创业，融资是一大难题。为此国务院办公厅印发《关于进一步支持大学生创新创业的指导意见》，明确提出要加大对大学生创新创业的财税扶持和金融政策的支持力度，包括落实落细减税降费政策，做好纳税服务，强化精准支持；鼓励金融机构按照市场化、商业可持续原则对大学生创业项目提供金融服务，解决大学生创业融资难题；引导创新创业平台投资基金和社会资本参与大学生创业项目早期投资与投智等。在财税、金融等政策扶持下，大学生创新创业成果转化将有效落地。

二、创业融资策略

（一）制订创业计划书

创业计划书是创业者吸引投资者资金的报告性文件，它能够作为向投资者游说以取得创业投资的商业可行性报告。一份优秀的创业计划书是创业者吸引资金的"敲门砖"和"通行证"。

5.8 如何估算创业启动资金？

（二）估算创业资金

企业的创业资金是指创办企业并使其正常经营所需要筹集的资金。企业的创业资金可以根据具体用途分为投资资金和流动资金两大类。

1. 投资资金的预测

1）固定资产投资预测

固定资产投资是企业购置价值较高、使用寿命较长的资产所投入的资金，如厂房、办公场所、办公家具、机器、设备、车辆等。固定资产投资额的预测取决于固定资产的取得方式，其方式有两种：自建和外购。如果企业对固定资产有特殊要求，最好采取自建的方式，比如根据生产的特殊性自建厂房。自建的好处就是更好地满足企业生产经营的需要，弊端是占用大量资金、耗费时间过长。如果企业直接外购固定资产，比如购买合适的开办场所或生产设备，则创办企业的效率会更高，相对也比较简单、快捷。如果资金不是很充裕，也可以选择租赁方式，如租场地、租设备等，从而减少投资，降低创业风险。

2）无形资产投资预测

无形资产投资是企业取得长期使用的、不具有实际形态但能带来经济收益资产所付出的资金。无形资产包括特许经营权、商标权、专利权等。无形资产有一定的特殊性，因此在预测无形资产投资时，首先要保证所购无形资产的合法性；其次要确认无形资产的法定有效期；最后要找准评估和计价的法律依据。在创业的过程中，如果需要购买特许经营权等无形资产，可以向特许经营权等无形资产的拥有者咨询所需费用，也可以向经营同类业务的企业家或创业者寻求帮助来预测无形资产投资。

3）开办费预测

开办费是企业在筹建期间发生的各项费用。创业者需要估算开办企业的过程中支付的注册登记费、培训费、差旅费、印刷费以及不计入固定资产和无形资产价值的借款费用等。

4）其他投资预测

其他投资是指除了上述三类投资外的各种投资。企业在对这部分投资进行估算时应尽可能涵盖将会涉及的各类支出，并且留有余地，以保证有充足的资金备用。

2. 流动资金的预测

一般情况下，企业在初创期以资金投入为主，现金流为辅，只有到了经营期才能有销售收入，才开始赢利。流动资金主要包括购买并储存原材料及商品的费用、人工费、日常工作支出、广告宣传费、租赁费、保险费以及其他费用等。企业创办初期所需投入的流动资金数额取决于企业获得销售收入之前所需要的时间。有的企业需要足够的流动资金来支付6个月的经营费用，有的企业需要足够的流动资金来支付4个月的经营费用。获得收入前需要的时间越长，所需投入的流动资金就越多。因此，估算流动资金时，要本着"以销定产"的原则，根据销售数量或提供服务的数量估计可能发生的材料以及商品购买费用。企业在初创期没有形成稳定的市场占有，销售不一定乐观，因此预测流动资金时要计划得宽裕一些。

1）购买并储存原材料及商品的费用的预测

工业企业要以市场调查和市场分析为前提，科学地估计销售数量，根据销售数量以及企业要求的库存量计算生产数量，从而决定原材料的采购数量和金额。商贸企业则是根据销售数量和库存来估计商品的采购数量和金额。服务企业直接根据盈利前提供服务的数量估计材料的消耗量，从而估计材料费用。农林牧渔企业需要根据动植物的生长期以及专业的种植、养殖技术来估计材料费用。企业预计的存货越多，采购需要的流动资金越多，资金投入越多，因此，保持合理的存货量以降低资金成本，从而降低企业经营风险尤为重要。

2）人工费的预测

人工费包含员工的工资、为员工缴纳的社会保险等费用。社会保险包括基本养老保险、基本医疗保险、失业保险、工伤保险、生育保险，其中前三项保险为企业与职工共同缴纳，后两项只有企业为员工缴纳。在预测人工费时，通常用每月支付的工资总额和社会保险的金额乘以还没有达到收支平衡的月数加以计算。

3）日常工作支出的预测

日常工作支出是指企业为了维持正常的运营，除了场地费、原材料和库存商品费用以及人工费外发生的各项办公支出，包括电话费、宽带费、水电费、招待费等。

4）广告宣传费的预测

企业在初创阶段为了吸引用户的注意，打开知名度以及提升销量，需要扩大宣传，因此要测算出企业的广告宣传支出。这部分费用可以根据广告项目和当地实际收费标准预测。

5）租赁费的预测

营业场所如果是租赁来的则需要测算租赁费。租赁费可以按月、按季或者按年支付，比如按月支付，那么测算时用月租金乘以还没有达到收支平衡的月数就是租赁费，其他情况同理。

6）保险费的预测

企业从创立开始就要支付必要的保险费，主要以商业保险的形式，包括财产保险（机动车保险、企业财产保险、家庭财产保险、货物运输保险等）还有人寿险及健康险（如疾病保险、医疗保险等）。具体费用额度根据投保项目以及投保标准测算。

7）其他费用的预测

企业的日常经营除了上述列举的主要支出外，还可能发生许多其他支出，如设备维护费、车辆使用费等。因此资金测算时要考虑周全，并列出详细的费用项目。

在编制流动资金预测表时，创业者需要详细列出流动资金项目以及未来3~6个月的预计流动资金金额。

（三）建立个人信用

个人信用是融资过程中非常重要的一部分。它不仅能够帮助创业者拿到初步投资，从长远看，随着信用的慢慢积累，新创企业能够建立起良好的信誉，在未来企业出现经营困难，或者需要资金周转时，创业者能够凭借良好的个人信用迅速找到解决资金问题的途径。

启智润心

在世界石化行业，提到王永庆无人不知。从白手起家到创建台湾塑胶集团，成为名副其实的"塑胶大王"，王永庆所秉承的诚信经营观念在商界独树一帜。1973年台塑公司办理的溢价退款案，充分印证了这一点。

当年，台塑公司为了扩建厂房，需要大笔资金，只得办理现金增资，同时承诺增资股将以每股250元的价格抛出。这一消息使股民们很高兴，他们认为有利可图，于是纷纷出资购进股票。但是，事情并不像想象的那样顺利。石油危机爆发，台塑的股价开始下跌。第二年，股价跌到每股241元。股东们认为台塑占了很大的便宜。在召开的股东大会上，股民要求台塑补足承诺价和市价之间的差额。投资股票本就是有风险的事，股东们的要求不是十分的合理。

出乎人们的意料，王永庆不仅不认为股东们的要求不合理，而且再次作出承诺，假如6月30日的收盘价格超不过244元，台塑将以这一天的收盘价作为标准，补足差价。形势没有出现好转，6月30日的收盘价每股仅207元。王永庆毫不犹豫地兑现诺言，每股退给股东43元。最终他共计损失4000多万元台币，开创了股市上前所未有的先例。

对王永庆的这一行为，很多人笑他傻。但王永庆表示，做生意不能光盯着钱看，应该把眼光放远点。台塑损失了4000多万元台币，但换来的是千金难买的信誉。果不其然，王永庆兑现承诺的美名，不仅在台湾商界及民众中广为传颂，在国外也声名远播。1978年，当王永庆准备引进高科技的现代化设备，需要巨额外汇资金时，英美的几家知名银行以很低的利息联合向台塑公司贷款1500万美元。一位外国银行的高级主管曾这样说："王永庆的英文签名，就是信誉的保证，可以提供无限的长期贷款。"

20世纪80年代中期，台湾股市在大环境的影响下，大幅上扬。台塑集团市场声誉好也因此大获其利。1990年3月10日，台塑公司股价一度升至130元，但到4月中旬，台塑股价猛跌至80元，下跌38%。虽然台塑的股票有涨有落，但是股民们并未对台塑公司和王永庆丧失信心，他们仍看好台塑的股票，购买人数有增无减。"得民心者得天下"，王永庆凭借着诚信经营，不断得到股民们的有力支持，使台塑长盛不衰。

要想在事业上有所成就，我们也要学习王永庆一诺千金的品质，让诚信成为一种习惯，建立良好的个人信用。

（四）积累社会资本

社会资本包括人脉关系、个人声望等，认真把握这些社会资本是大学生创业者进行创业融资的重要策略之一。创业者需要提升自身的沟通能力和社会影响力，吸引投资人注意，获得项目路演的机会，从而顺利获得融资。

例如，近代徽商代表人物胡雪岩，当年不仅在王有龄的帮助下开始创业，后来还被左宗棠赏识，充分利用当时的时局，创建钱庄、药局、船局等，凭借着结交人脉和精明强干，一步一步创造了辉煌，最终从一介药店小学徒成为声名赫赫的"红顶商人"。

实践课堂

一、分小组活动,根据你们的创业项目进行创业启动资金的预测(表 5-1、表 5-2)

表 5-1 投资资金预测表

项　　目	项 目 明 细	单价 / 元	数　　量	金额 / 元
固定资产				
无形资产				
开办费				
其他				
合　计				

表 5-2 流动资金预测表

项　　目	项 目 明 细	每月支出 / 元	时间 / 月	金额 / 元
原材料				
人工费				
日常工作支出				
广告宣传费				
租赁费				
保险费				
其他费用				
合　计				

二、融资渠道选择

将融资渠道填入表 5-3。

表 5-3 融资渠道分析

融资渠道类型	选择的原因	可行性分析

项目五考核评价

评价阶段	评价内容	分值	学生自评	小组互评	教师评价	平台数据	备注
课前探究	微课视频完成度	10					
	即练即测	10					
课中实训	任务1实训完成情况	20					
	任务2实训完成情况	20					
	任务3实训完成情况	20					
课后拓展	码上学习完成度	10					
	巩固提升	10					
项目五总评得分			学生签名				

注：1. 平台数据完成的打"√"，未完成的打"×"。

2. 项目评价分值仅供参考，教师可以根据实际情况进行调整。在本项目完成之后，采用过程性评价与结果性评价相结合，综合运用自我评价、小组评价和教师评价3种方式，由教师确定3种评价方式分别占总成绩的权重，计算出学生在本项目的考核评价的最终得分。

课后思考题

1. 常见的创业资源有哪些？它们分别对创业活动会产生哪些影响？
2. 整合创业资源的策略有哪些？
3. 大学生常见的融资方式有哪些？它们的优点和弊端分别是什么？

书香致远

1. 韩布伟. 不懂运营你怎么开公司 [M]. 北京：清华大学出版社，2022.
2. 吕长青. 一本书读懂创业融资 [M]. 北京：北京工业大学出版社，2015.

复盘反思

哪些内容让你印象深刻?	你获得了哪些方法和能力?
学习中的困惑有哪些?	接下来你可以采取哪些行动提升?

项目六
你的企业如何赚钱——设计商业模式

项目导入

管理学大师彼得·德鲁克曾说,"当今企业之间的竞争,或许不是产品之间的竞争,而是商业模式之间的竞争。"很多企业的成功原因就是他们善于进行商业模式的创新。因此,大学生仅凭热情和想法是很难取得创业成功的,在创业之前,创业者必须思考的一个关键问题是"我们的项目怎么样赚钱?"围绕怎样赚钱这个核心延伸出的一整套方法就是商业模式。

过去十年,众多互联网企业的异军突起让"商业模式"成为一个炙手可热的词汇。阿里巴巴、字节跳动、小米,年轻、飞速增长、天花板高成为他们共同的标签,这些企业的成功被认为是商业模式创新的成功,它们的发展速度被认为是商业模式带来的成长潜力。

学习目标

知识目标:
1. 掌握商业模式的含义和特征;
2. 了解"互联网+"的六大商业模式;
3. 理解商业模式设计的步骤;
4. 掌握商业模式画布当中各模块的内容。

能力目标:
1. 能够分析不同企业的商业模式;
2. 掌握商业模式设计的方法与思路,能够设计出某一创业项目的商业模式画布。

素质目标:
1. 在创业项目的选择上不仅关注商业价值,更需关注社会价值;
2. 厘清创业企业的商业逻辑;
3. 能够利用商业模式画布的设计思路来做个人的职业生涯规划,提升未来的职业发展。

创客先锋

小米集团雷军的成功之路

雷军，毕业于武汉大学计算机系。进入大学后，对自己要求比较严的雷军就开始选修了不少高年级的课程。仅用了两年时间，雷军修完了所有学分，甚至完成了大学的毕业设计。受《硅谷之火》中创业故事影响，在大学四年级的时候，雷军开始和同学创办了一家公司，但是由于经营困难，半年后就解散了。

1992年，正是中国改革春风强劲的年份，雷军在这一年加入了金山公司。这是中国当时为数不多的高端IT企业。凭借自己的才华，雷军很快赢得了公司的信任。他从一名初入职场的毛头小伙，逐渐成长为公司骨干。

公司的发展不会一帆风顺，当遇到困难时，公司甚至一度发不出工资。尽管如此，雷军也没有离开金山公司。雷军在金山公司整整待了16年，其间担任了公司总经理，并且带领公司上市成功。

让人想不到的是，困苦时期不离不弃的雷军，却在公司取得辉煌时主动离开公司。当时，雷军的想法是出去闯一闯，继续追寻自己的梦想。2010年4月，雷军与其他六人联合创办小米科技。雷军作为公司的创始人和CEO，他的领导力和战略眼光对小米集团的发展起到了重要作用。雷军一直以来都是公司文化的倡导者和执行者，他注重员工的发展和团队建设，不断鼓励员工创新和进步。雷军在公司创立之初便将创新作为公司核心价值观。小米集团的初衷是打造一家以技术驱动的公司，专注于智能手机和智能家居产品的研发和销售。雷军也希望通过创新来颠覆传统的商业模式。

公司推出的首款手机小米1在2011年问世，由于卓越的性能、出色的设计以及相对较低的价格，受到了大众的喜爱。后来小米的产品线逐渐扩展至智能家居、电视等领域，这些产品以其卓越的性能、优异的设计和高性价比而获得市场认可。

自2014年起，小米开始向海外市场拓展，并在印度、东南亚等地设立了分支机构。小米在海外市场的成功在于其能够提供高性价比的产品，满足当地消费者的需求。

小米通过开放平台和生态链模式，吸引了众多开发者和合作伙伴，共同构建一个完整的互联网生态系统。在这个生态系统中，小米的产品与其他厂商的产品可以进行良好的兼容和互操作，为用户提供更好的使用体验。

同时，小米也在加强技术研发和创新能力，积极探索新的商业模式和产品领域。例如，小米已经进入了电动汽车领域，成立了小米汽车事业部，将进一步扩展其产业链和商业模式，拓展未来的发展空间。

小米的成功不仅是由于其先进的商业模式和产品战略，也彰显了中国制造业的崛起和中国科技企业的实力。未来，小米将继续发挥其优势，推出更加创新和实用的产品，提供更加优质的服务，拓展更广阔的市场，为中国和全球消费者带来更多的价值和便利。

（资料来源：①孙笑琛，曾威．小米公司生态链培育模式研究．网络与信息安全学报[J]. 2020，4（11）．②王亭昊．小米生态链设计机制研究．电子技术应用[J].2019，46（23）．)

思考:
1. 分析小米的商业模式是什么。
2. 如何对现有的商业模式进行创新？

任务一　认识商业模式

学习加油站

一、商业模式的含义

商业模式是指为实现客户价值最大化，把能使企业运行的内外各要素整合起来，形成一个完整的高效率的具有独特核心竞争力的运行系统，并通过最优实现形式满足客户需求、实现客户价值，同时使系统达成持续赢利目标的整体解决方案。它第一次出现在20世纪50年代，直到90年代才开始被广泛使用和传播，已经成为挂在创业者和风险投资者嘴边的一个名词。

6.1 什么是商业模式？

在经济全球化浪潮下，技术变革加快、商业环境不确定性增大，决定企业成败最重要的因素不再是技术，而是商业模式。商业模式是现代企业竞争制胜的关键，要想获得成功，创业者必须设计一个好的商业模式。

二、成功的商业模式的共同特征

1. 创新

成功的商业模式往往在某个环节进行了改进，或是对一般商业模式进行了重组、创新。商业模式的创新贯穿企业经营的整个过程，贯穿企业资源的开发模式、制造方式、营销体系等各个方面。今天的行业巨头大部分是从创新开始的，如微软、苹果、阿里巴巴、腾讯、奇虎360都是新商业模式的开创者。

2. 价值

商业活动的价值最终落在消费者头上，商业模式需要通过向消费者提供独特的价值来赢得市场。这个独特的价值可能是新的思想，而更多的是产品和服务独特性的组合。总之，商业模式要么可以向消费者提供附加的价值，要么可以使消费者能用更低的价格获得同样的利益，要么用同样的价格获得更多的利益。例如，河南商界具有知名度、美誉度的商业零售企业——胖东来，不仅是个大卖场，更是消费者的"购物天堂"：超市内备有可供不同人群使用的多达七种购物车；货架上备有放大镜和老花镜，方便视力退化的老人看配料表；有专职服务员搀扶老人和小孩；商场问路直接带你到目的地；还有免费充电宝、雨伞等服务；所有商品无理由退换。胖东来尽量将操作标准规范化和流程化，为顾客带来极致的购物体验，打造了良好的品牌形象。

3. 壁垒

成功的商业模式需要通过确立自己的与众不同（如成本优势、品牌、专利技术等）来建立行业壁垒，提高竞争者模仿复制的成本和难度。如科大讯飞自成立以来，在语音识别、机器翻译、语义理解、OCR识别等领域具有明显的技术优势，目前科大讯飞在中国人工智能领域以60%的市场份额排名第一。

4. 盈利

对于企业来说，盈利是最终目的。成功的商业模式可以让企业在激烈的市场竞争中，成功进入利润区，并在利润区内停留较长时间，创造出长期持续的、高于行业平均水平的利润。共享单车以出行方式高效且成本较低受到不少人的青睐。但最近一段时间，由于硬件和运维成本的增加，多个共享单车品牌宣布了涨价。短期内，共享单车企业通过涨价来维持运营，但不是解决长期亏损问题的有效手段。面向可持续发展的未来，企业需要在做好精细化运营降本提效的同时，多措并举拓展更多收入来源。

三、"互联网+"的六大商业模式

（一）"工具+社区+电商"模式

6.2 "互联网+"的六大商业模式是什么？

互联网的发展，使信息交流越来越便捷，志同道合的人更容易聚在一起，形成社群。人们在社区中重构彼此的关系，而企业的生存机会恰恰在于参与并组织社区的构建，从中重构与用户的关系，而交易是在关系中自然发生的。

工具如同一道锐利的刀锋，它能够满足用户的痛点需求，但它无法有效沉淀粉丝用户，社区就成了沉淀用户的必需品，而电商化则是衍生盈利点的有效方式。三者看上去是三张皮，但内在融合的逻辑是一体化的。例如，微信就是从一个社交工具开始做起，设置了朋友圈点赞与评论等社区功能，继而添加了微信支付、精选商品、电影票、手机话费充值等电商功能。

（二）长尾型商业模式

长尾型商业模式在于少量多种地销售自己的产品，致力于提供相当多种类的小众产品，而其中的每一种卖出量相对很少。将这些小众产品的销售汇总，所得收入可以像传统模式销售一样可观，它不同于传统模式，以销售少数的明星产品负担起绝大部分的收益。长尾商业模式要求低库存成本以及强大的平台以保证小众商品能够及时被感兴趣的买家获得。亚马逊商城、当当网、淘宝、闲鱼、拼多多等都是较典型地运用了长尾商业模式。

长尾型商业模式，不单单适用于网上经营，日本有不少实体店也利用该模型取得了成功，主要是基于为老年化群体服务，通过能够购买稀缺物品的吸引力，获取500米内的客流量，增强用户黏性，提升营业额和利润。

（三）跨界模式

互联网预言帝凯文·凯利曾说：不管你们是做哪个行业的，真正对你们构成最大威胁的对手一定不是现在行业内的对手，而是那些行业之外你看不到的竞争对手。

互联网彻底颠覆了人们对产品、服务约定俗成的印象，比如：做教育的新东方，跨界做了直播带货；华为、阿里、腾讯、百度等ICT（信息与通信技术）企业纷纷进军新能源汽车市场；体育品牌李宁正式卖咖啡。不同行业以互联网新概念、新技术、新产品和新模式为基础，融入自身行业内容，实现跨界融合。

移动互联网时代，你很难用一个"属性"去界定一个企业，行业、企业之间的边界将模糊不清，无边界时代已经来临，"互联网+"将成为前瞻性企业的竞争制胜利器。跨界思维的核心是颠覆性创新，且往往源于行业之外的边缘性创新，因此要跳出行业看行业，建立系统的、交叉的思维方式。用跨界的思维，突破传统的惯性思维，超越传统的经营理念和商业模式，才会有"弯道超车"的机会。

可以说，互联网模糊了所有行业的界限，使跨界成为一种新常态。互联网对传统行业的破坏性创造主要体现在以下几个方面。

（1）从侧翼发起进攻，颠覆性破坏。互联网创新从来不是正面进攻，而往往是绕过重兵布防的马其诺防线，从侧翼发动致命一击。例如三星、苹果击溃诺基亚，并不是靠能打电话、发短信、摔不坏的手机，而是靠能上网、看电影、听音乐、拍照片、玩游戏的智能手机，它们颠覆了手机的概念。

（2）以用户为中心，得用户者得天下。百度、阿里巴巴和腾讯，之所以能牢牢占据中国互联网食物链的顶端，百度占据了信息端，阿里巴巴占据了交易端，腾讯占据了交际端，就是因为他们有庞大的用户群。

（3）颠覆传统行业的竞争壁垒，借力打力。互联网大大降低了跨界的竞争壁垒。例如：传统银行辛辛苦苦建立起来的营业网点成为用户把钱存进支付宝的工具；微信通过通讯录分分钟秒杀了移动、联通的通讯铁塔和电信牌照。

（四）免费模式

移动互联网颠覆传统企业的常用打法是，在传统企业用来赚钱的领域免费，从而彻底把传统企业的客户群带走，继而转化成流量，再利用其他渠道来实现盈利。原来生产硬件的厂商，主要是通过硬件销售来赚取利润，比如手机和电视厂商等。但是在小米和乐视等互联网公司闯入之后，就换了一种全新的玩法，不再从硬件上挣钱，而是将用户引导进其构建的一个网络生态系统里面，通过多样化的个性化服务来黏住客户并形成消费。因此他们的硬件便可以成本价甚至更低卖给用户。这就导致TCL等传统制造厂商们，由于原来层层代理的渠道利益分配，很难再与小米这样的公司拼价格。免费模式通常有以下三种表现形式。

1. 直接交叉补贴

直接交叉补贴就是企业和商家等卖方为了在一种产品上盈利，而降低另一种产品的价格或免费进行销售的行为，从而以高获利产品补贴亏损产品。

2. 第三方市场

第三方市场是最常见的免费商业模式，在这种免费模式中，第三方付费参与前两方之间的免费商品交换，这几乎是一切媒体的运营基础，例如电视、报纸、杂志。最常见的方式是向特定的消费者群体提供免费的商品、服务或体验，并吸引对这部分消费者感兴趣的相关品牌来投放广告，所得收入部分作为成本再投入，部分作为盈利。

3. 免费+收费

每个人都需要的服务就免费，比如能确保安全上网的软件，增值部分收费，比如360安全卫士进行电脑清理免费，但是如额外需要人工维修服务就需要付费。还有就是这种产品免费，那种产品收费；个人客户免费，第三方收费；个人客户免费，企业客户收费。

（五）O2O模式

什么是O2O？O2O是Online to Offline的英文简称。O2O从狭义来理解就是线上交易、线下体验消费的商务模式，主要包括两种场景：一是线上到线下，用户在线上购买或预订服务，再到线下商户实地享受服务，目前这种类型比较多；二是线下到线上，用户通过线下实体店体验并选好商品，然后通过线上下单来购买商品。广义的O2O就是将互联网思维与传统产业相融合，未来O2O的发展将突破线上和线下的界限，实现线上线下、虚实之间的深度融合，其模式的核心是基于平等、开放、互动、迭代、共享等互联网思维，利用高效率、低成本的互联网信息技术，改造传统产业链中的低效率环节。

（六）平台模式

平台是什么？平台就是快速配置资源的框架，因为只有在平台上，很多资源才可以快速配置，到最后就变成一个可以自循环的生态圈。平台具有两个特性：第一是开放，第二是资源。平台就是生态圈。比如淘宝，在传统零售行业里面，电商的发展速度远远超过传统商业的发展速度，因为电商有平台。包括三大平台：第一是信息交互平台，第二是支付平台，第三是配送平台。

平台型商业模式是指在平等的基础上，由多主体共建的、资源共享、能够实现共赢、开放的一种商业生态系统。百度、阿里、腾讯三大互联网巨头围绕搜索、电商、社交各自构筑了强大的产业生态。未来商业竞争不再只是企业与企业之间的肉搏，而是平台与平台的竞争，甚至是生态圈与生态圈的战争。构建平台是一种战略选择，构建平台生态圈更是大战略布局。平台型商业模式最有可能成就产业巨头，全球最大的100家企业里，有60家企业的主要收入来自平台型商业模式，包括苹果、谷歌等。

四、商业模式设计的步骤

第一步：分析目标客户。首先，必须了解公司的目标客户，比如客户的需求和偏好，以及他们如何使用产品。

第二步：定义商业模式的定位。商业模式的定位决定了公司如何针对用户的需求以及市场上的竞争，提供价值服务。

第三步：开发商业模式。开发商业模式意味着企业需要根据定位定义制定实现基本目标的战略计划。这可能包括市场活动、技术解决方案以及其他营销手段。

第四步：评估商业模式。这一步要求企业评估商业模式的可行性和有效性，这样可以确保模式是可执行的和有效的。

第五步：实施商业模式。在这一步中，企业将实施商业模式，并确定该模式能否帮助企业达到期望目标。

商业模式设计五步法是构建和发展商业模式的一种有效方法，可以帮助企业了解目标客户需求、定义定位、开发模式、评估模式，并最终实施模式。通过实施这种方法，企业可以构建和发展出符合其业务目标的有效模式。

实践课堂

查找典型商业模式的实例，并填写下列表格。

商 业 模 式	企 业 案 例	启发与思考
工具+社群+电商模式		
长尾型商业模式		
跨界商业模式		
免费商业模式		
O2O商业模式		
平台商业模式		

任务二　绘制商业模式画布

学习加油站

6.3 如何绘制商业模式画布？

一、商业模式画布的含义

很多企业早已习惯了依靠产品创新与技术创新来争夺市场，而当前商业社会所要求的不仅是产品与技术的创新，同时还强调企业整个商业模式的创新。

如果把企业比作一座大厦，产品或技术创新可以让这座大厦的某个局部（例如外墙）更美，而商业模式创新则可以让包括地基、大堂、外墙、房梁等各个部位在内的整座大厦都更美、更牢固。

如果选择一种视觉化工具来帮助设计商业模式的话，那么商业模式画布便是我们的首选。它不仅可以提供灵活多变的计划，而且是立足于用户需求去设计价值主张的。更重要的是，通过画面的直观展示，它可以将商业模式中的元素标准化，并强调元素间的相互作用，从而为商业模式的设计提供更多灵感。

商业模式画布是一种关于企业商业模式的思想，直观、简单、可操作性强。在创业项目和大公司中，商业模式画布都起到了健全商业模式、将商业模式可视化及寻找已有商业模式漏洞的作用，在项目运作前常通过头脑风暴避免错误，减少失败决策带来的损失。

二、商业模式画布的九大模块

商业模式画布按照一定的顺序被分成九个方格，如图 6-1 所示，其内容包含客

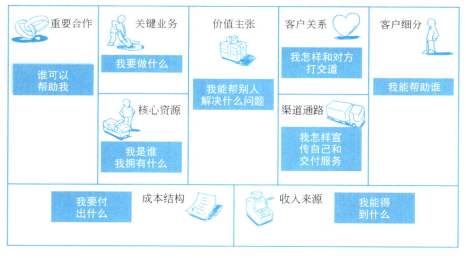

图 6-1　商业模式画布

户细分、价值主张、渠道通路、客户关系、收入来源、核心资源、关键业务、重要合作、成本结构。

（一）客户细分

客户细分是用来描绘一个企业想要接触和服务的不同人群或组织。对于初创企业，创业资源是非常有限的，无法做所有人的生意，客户细分可以帮创业者找到核心的客户群体，进入特定的市场，从而使企业更能生存发展下去。因此，客户细分构成了任何商业模式的核心。目标客户可以是针对个人，也可以是针对公司或机构不同人群或组织。创业企业可以把客户分为不同的细分类别，每个细分类别中的客户都有共同的需求、共同的行为和其他共同的属性。例如：经济型酒店的客户群体以中低收入客人、家庭式度假客人和青年学生等客人为主，他们更追求实用性和性价比；而高星级酒店客户群体一般是经济基础较好，并且有一定的社会身份和社会地位的人士，他们对服务质量的要求比较高。

（二）价值主张

价值主张用来描绘为特定客户细分创造价值的系列产品和服务。它解决了客户困扰或者满足了客户需求，是客户选择你而非别人的重要原因。每个价值主张都包含可选系列产品或服务，以迎合特定客户细分群体的需求。在这个意义上，价值主张是公司提供给客户的受益集合或受益系列。价值主张可分为两类，一类是可能是创新的，并表现为一个全新的或破坏性的提供物（产品或服务）；另一类则是与现存市场提供物（产品或服务）类似，只是增加了功能和特性。如李宁的广告语是"一切皆有可能"，它的价值主张是提供时尚一流的专业体育用品，为年轻人的梦想创造无限可能。

（三）渠道通路

渠道通路用来描绘公司是如何沟通、接触其客户细分，传递其价值主张和销售的这些渠道，构成了公司相对于客户的接口界面。渠道通路是客户接触点，它在客户体验中扮演着重要角色。渠道通路具有以下功能：提升公司产品和服务在客户中的认知；协助客户购买特定产品和服务；向客户传递价值主张；提供售后客户支持。

要将公司的产品或服务推向市场，找到正确的渠道组合并以客户喜欢的方式与他们建立联系至关重要。企业可以选择使用自有渠道与客户建立联系，也可以选择合作方渠道，或者两者兼用。自有渠道有直接的，比如内部销售团队或者网站；也有间接的，比如自有商店。合作方渠道是间接的，但是范围广更容易拓客，比如分销渠道、零售渠道、网站。

例如，小米打通了线上线下的全渠道，线上电商有米家有品、小米商城，拥有更多的商品；线下有小米之家，增强体验感。线上线下两种渠道还能够相互引流：

客户在线下购买商品时，店员会引导客户在手机上安装线上 App，下次购买就可以通过手机完成，提升复购率；同样，客户在线上下单后，可以到附近的实体店内立即拿到心仪的产品，享受到了即得性，拉近了商家与客户的距离。

（四）客户关系

客户关系用来描绘公司与特定客户细分群体建立的关系类型，企业应该弄清楚其希望和每个客户细分群体建立的关系类型。它可以被以下几个动机所驱动：客户获取、客户维系、提升销售额。我们可以把客户关系分成几种类型，这些客户关系可能共存于企业与特定客户细分群体之间。

1. 个人助理

个人助理这种关系类型基于人际互动，客户与工作人员进行交流，并在销售过程中以及购买后获得相应的帮助。例如，企业通过现场销售、客服电话中心、电子邮件等渠道来加强客户关系。

2. 专用个人助理

专用个人助理这种关系类型包含了为单一客户安排的专门的客户代表。它是层次最深、最亲密的关系类型，通常需要较长时间来建立。例如，很多公司设置了大客户经理岗位，为高净值客户提供专属服务。

3. 自助服务

在自助服务这种关系类型中，企业为客户提供自助服务所需要的所有条件。例如，许多大型商场会配有导购机器人，客户能够自主进行信息查询、商品查找、位置导航等，通过人机对话，增强互动乐趣。

4. 自动化服务

自动化服务这种关系类型整合了更加精细的自动化过程，用于实现客户的自助服务。例如，现在的大数据，会根据你的喜好、浏览习惯来推荐产品。

5. 社区

目前各公司正越来越多地利用用户社区与客户/潜在客户建立更为深入的联系，并促进社区成员之间的互动。许多公司都建立了在线社区，让其用户交流知识和经验，解决彼此的问题。社区还可以帮助公司更好地理解客户需求。制药巨头葛兰素史克在推出新的自由处方减肥药物产品时，就建立了私营的在线社区。葛兰素史克公司希望能够更好地理解肥胖人群面临的问题，从而学会更好地管理用户期望。

6. 与客户协作，共同创作

许多公司超越了与客户之间传统的客户—供应商关系，而倾向于和客户共同创造价值。例如，抖音、B 站、小红书等自媒体平台，鼓励用户将自己创作的图文、视频在平台上与他人分享，从而创造价值。

（五）收入来源

收入来源用来描绘公司从客户群体中获取的现金收入。如果客户是商业模式的心脏，那么收入来源就是动脉。企业必须问自己，什么样的价值能够让各客户细分群体真正愿意付款？只有回答了这个问题，企业才能在各客户细分群体上发掘一个或多个收入来源。根据产品和服务的类型不同收入来源主要分为以下七种。

（1）资产收费：指企业通过销售实体商品获得收入，传统商业模式以此为主要收入来源，例如食品、图书、电器等。

（2）使用收费：为客户提供特定的产品或服务，以计费使用的形式收取费用，例如电信运营商。

（3）订阅收费：通过重复使用某个产品或服务收取费用，例如各平台视频会员订阅。

（4）租赁收费：通过将某种商品在固定时间内暂时为他人所有来收取费用，例如共享单车。

（5）授权收费：随着对知识产权的重视，越来越多的原创作品（文章、图片、音乐、影视作品等）通过授权使用收取费用，例如 IP 使用费。

（6）经济收费：通过整合多方利益，为客户提供中介服务收取费用，例如房产中介费。

（7）广告收费：通过广告宣传推广收取服务费，例如搜索引擎的推广费。

（六）核心资源

核心资源是用来描绘让商业模式有效运转所必需的最重要因素。每个商业模式都需要核心资源，这些资源使得企业、组织能够创造和提供价值主张、接触市场、与客户细分群体建立关系并赚取收入。核心资源可以是实体资产、金融资产、知识资产或人力资源。核心资源既可以是自有的，也可以是公司租借的或从重要伙伴那里获得的。

不同的商业模式所需要的核心资源有所不同。例如，微芯片制造商需要资本密集型的生产设施和固定资产投入，而芯片设计商则需要更加关注"高精尖"的人才资源。

（七）关键业务

关键业务用来描绘为了确保其商业模式可行，企业必须做的"最重要"的事情。任何商业模式都需要多种关键业务活动，这些业务是企业得以成功运营所必须实施的动作。正如核心资源一样，关键业务也是创造和提供价值主张、接触市场、维系客户关系并获取收入的基础。关键业务会因商业模式的不同而有所区别。一般包含三个类型。

（1）生产。一些生产产品的企业，生产环节属于关键的一个业务。如比亚迪的关键业务包括汽车、新能源产品以及手机部件的生产。

（2）提供解决方案。一些咨询公司、银行和一些专门做客户的服务型的公司，还要为客户提供整体的解决方案。

（3）构建平台。当今的互联网时代，不少企业依赖于平台或者某种网络的模式获得发展，如阿里巴巴、京东都是以平台为载体的企业。构建和维护电商交易平台就会成为他们的关键业务。

除了以上三种主要的关键业务类型，还有分销渠道、供应合作等。每一个创业企业在设计自己的商业模式的时候，要根据自己的行业和模式的类型，来看自身关键业务到底该如何去找准、提升和优化。

（八）重要合作

重要合作用来描述让商业模式有效运作，所需的供应商与合作伙伴的网络。企业会基于多种原因打造合作关系，合作关系正日益成为许多商业模式的基石。很多公司采取创建联盟的策略来优化其商业模式、降低风险或获取资源。我们可以把合作关系分为以下四种类型：在非竞争者之间的战略联盟关系；在竞争者之间的战略合作关系；为开发新业务而构建的合资关系；为确保可靠供应，构建的"购买方—供应商"关系。

（九）成本结构

成本结构用来描绘运营一个商业模式所引发的所有成本。创建价值和提供价值、维系客户关系以及产生收入都会引发成本投入，这些成本在确定关键资源、关键业务与重要合作后可以相对容易地计算出来。商业模式成本结构有两种不同的类型：成本驱动和价值驱动，许多创业企业的商业模式的成本结构介于这两种极端类型之间。

（1）成本驱动。这种商业模式侧重于在每个地方尽可能地降低成本。这种做法的目的是创造和维持最经济的成本结构，采用低价的价值主张、最大限度自动化和广泛外包。如国内外一些廉价航空公司就是以成本驱动商业模式为特征的。

（2）价值驱动。有些公司不太关注特定商业模式设计对成本的影响，而是专注于创造价值。增值型的价值主张和高度个性化服务通常是以价值驱动型商业模式为特征的。如豪华酒店的设施及其独到的服务，都属于这一类。

启智润心

近几年，文创产品开发风生水起，600多岁的故宫更是凭借"萌萌哒""故宫美妆"等系列爆款产品，成功打造故宫文创IP，从"皇帝表情包"到"段子手"，从"故宫美妆"到"故宫初雪调味瓶",所有人对故宫的印象大为改观。

在2012年单霁翔赴任故宫博物院院长以后,他发现了故宫的一些问题,包括开放区域较小、文物藏品多沉睡在库房、游客感受不到故宫的魅力等。针对这些,单霁翔决定做出改变。在之后的几年里,故宫的开放面积逐年扩大,更多的宫殿和文物走进了人们的视野,国内外游客变得更多了。除了这个,单霁翔认为还需要让故宫亮起来。2019年的上元之夜,600岁的故宫首次夜间进行开放,限量门票一在网上公布就被抢购一空,甚至还有高价黄牛票。绚丽的灯光以及各种文物在天安门城楼上展示,吸引了众多观众。据悉,当晚的故宫被人群挤得水泄不通。故宫开放夜场可以说是顺应了近年来人们对于夜游的青睐,对于促进故宫的旅游、文化、饮食等产业有着极大的作用。

除了对于故宫旅游资源的开发外,单霁翔还利用故宫自身的文化属性,带头研发出了很多的文创产品,屡屡成为年轻人文化消费的爆款。比如2018年12月,故宫首次发布了故宫口红,瞬间火遍了各大社交媒体。据悉,这些口红的灵感全部来自故宫院藏红色国宝器物,外观设计则是从宫廷妃子的服装饰品上找灵感,可以说是卖到断货,现在其价格是120元一支,依然不乏购买的人。

口红只是众多爆款中的冰山一角,还有尺子胶带、桌垫笔筒、书签摆件、折扇、信笺等,从书房用品到生活用品,从故宫娃娃到宫廷饰品等,这些产品无不带有故宫的气息,从故宫的文物和传统文化上找寻灵感加以创新,并加上故宫某个物件的形象作为产品设计的外观,使得故宫文创产品风靡一时,而故宫淘宝、中国国家博物馆旗舰店等也是纷纷开了起来。据悉,单霁翔曾透露故宫文创产品一年营收就达15亿元,或许很多上市公司业绩都没有这么高。故宫文创的成功,单霁翔认为"秘诀"在于"创意且符合人们的生活需求"。

首先要找到市场爆点,也就是挖掘内在的潜力。文博这样偏历史、庄重的地方,给很多人的形象就是过于严肃,因此,无法吸引年轻消费者的眼球。要利用建筑等的深刻文化内涵来打造专属的文创产品,使之不仅具有历史意义,还能追随时代潮流,焕发新生。

其次就是营销策略。故宫产品的大卖少不了其背后一系列的营销手段。比如,在产品正式上市前就进行预热,通过在社交媒体、官方网站或专业媒体等上面进行宣传,来增加消费者的好奇心理,使其购买欲望增强。还有,通过一些热点事件来为产品提升话题度。此外,产品销售渠道的开发也是需要重视的,尤其是与现代的一些高科技相结合,比如故宫的数字博物馆。

最后就是提升管理和服务水平。对于文化旅游胜地,需要修整好各种设施等,并且设置可供游客休息、饮食等日常需要的场所,这样才能提供更好的服务,游客才有更高的体验度。同时,管理要做到井然有序,减少不必要的烦琐程序,最大限度地方便游客。

故宫文创在网络技术日新月异的今天，抓住了转型的良好时机，凭借成功有创意的网络营销和优质产品，成为超级大 IP，更是在博得关注的同时推动了优秀中国传统文化的发扬，为文创产业注入了新的活力与血液。根据故宫文创目前商业模式运行情况，我们可以梳理出其商业模式画布，如图 6-2 所示。

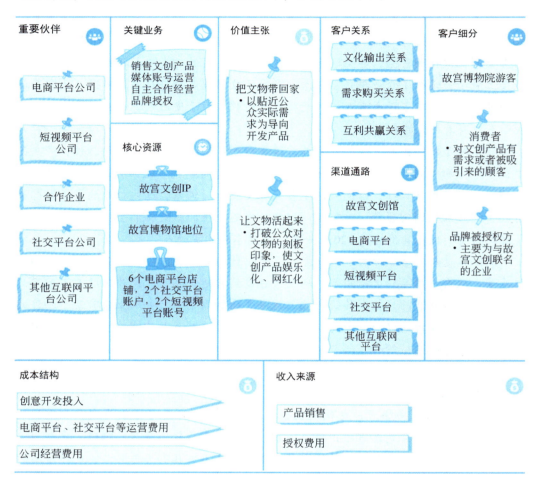

图 6-2　故宫文创商业模式画布
（图片来源：头条 PMO 前沿）

（资料来源：晓晓说点滴．一年营收 15 亿，故宫的 3 大创新运营模式，百家号，2019-04-09.）

创业导师点拨

　　寻找商业模式与寻找创业机会不太一样。要构建一个成功的商业模式，创业者首先要培养自己对商业模式的"触觉"，不断学习、观察、行动，或进行经验交流与探讨都是非常必要的。例如，有些大学生会在校园内的跳蚤市场销售自己的闲置物品，就是通过行动（实地销售）获取商业模式触觉的一种典型方式。

 **实践课堂**

绘制商业模式画布

以小组为单位,以创业项目为基础,小组成员对项目的商业模式进行讨论与设计,并按照商业模式画布的九要素的排列方式,完成下列画布。

创业项目名称:＿＿＿＿＿＿＿＿＿＿＿＿＿＿＿＿＿＿＿＿＿＿＿＿＿＿＿＿＿＿

重要合作	关键业务	价值主张	客户关系	客户细分
	核心资源		渠道通路	

成本结构	收入来源

✦ 项目六考核评价

评价阶段	评价内容	分值	学生自评	小组互评	教师评价	平台数据	备注
课前探究	微课视频完成度	10					
	即练即测	10					
课中实训	任务 1 实训完成情况	30					
	任务 2 实训完成情况	30					
课后拓展	码上学习完成度	10					
	巩固提升	10					
项目六总评得分			学生签名				

注：1. 平台数据完成的打"√"，未完成的打"×"。

2. 项目评价分值仅供参考，教师可以根据实际情况进行调整。在本项目完成之后，采用过程性评价与结果性评价相结合，综合运用自我评价、小组评价和教师评价 3 种方式，由教师确定 3 种评价方式分别占总成绩的权重，计算出学生在本项目的考核评价的最终得分。

📋 课后思考题

1. 请解释这句话的含义："当今企业之间的竞争，或许不是产品之间的竞争，而是商业模式之间的竞争。"
2. 成功的商业模式具备哪些特征？
3. 如何设计一个企业的商业模式？

📖 书香致远

1. 胡江伟. 从 0 到 1 学商业模式 [M]. 北京：中国工商联合出版社，2022.
2. 郭斌，王真. 商业模式创新 [M]. 北京：中信出版社，2022.

🔄 复盘反思

哪些内容让你印象深刻？	你获得了哪些方法和能力？
学习中的困惑有哪些？	接下来你可以采取哪些行动提升？

项目七
不打无准备之仗——投身创新创业大赛

项目导入

在"大众创业、万众创新"的时代背景下，高校大学生的各类创新创业大赛如火如荼地开展，如中国"'互联网+'大学生创新创业大赛""挑战杯"中国大学生创业计划竞赛等，每年的参赛人数、创业项目的质量以及大赛影响力都在不断提高。这些大赛引领了青年大学生投身创新创业的热潮，推动了赛事成果转化，也推动了高校毕业生更高质量地创业就业。

1947年9月，毛泽东在《解放战争第二年的战略方针》中讲道："必须注意不打无准备之仗，不打无把握之仗，每战都应力求有准备，力求在敌我条件对比上有胜利之把握。"大学生在参加双创比赛之前，就如同作战用兵一样，应该做好充分准备，只有经过精心谋划、运筹帷幄，最终才有可能获得成功。

本项目介绍双创比赛备赛的三部曲——创业计划书、PPT、路演答辩的相关内容。

学习目标

知识目标：
1. 明确大学生参加创新创业大赛的意义；
2. 了解常见的大学生创新创业大赛；
3. 掌握商业计划书的基本结构；
4. 熟悉路演前需要完成的准备工作；
5. 掌握路演和答辩的技巧。

能力目标：
1. 能够选择适合自己的双创竞赛，并能够积极参与；
2. 能够与团队分工合作完成商业计划书的撰写；
3. 能够与团队分工合作完成创业项目的路演及答辩。

素质目标：
1. 激发投身双创比赛的热情，将创新创业与专业融合，更好地实现理想以及人生价值；树立理性创业的观念，培养创业规划的意识。

2. 塑造良好的路演形象和谈吐。

创客先锋

耳畔乡音：让民俗遗产鲜活起来

近年来，我国的非遗保护工作不仅日益深入人心，一群来自山东政法学院的"00后"的大学生，针对中国非物质文化遗产面临的传承难、保护难、发展难等一系列问题提出了文化保护项目："'耳畔乡音'——民俗遗产保护计划"。团队首次提出"非遗+N活态传承模式"，开创性地打造了一支"数字非遗文化创意"团队，形成特色非遗文化产品推广的解决方案，将创意产品推向市场。

该团队的发起人是传媒专业的学生，一直以来他都想利用自己的专长为传播中华优秀传统文化做一些有益的创业实践。当他有了初步规划后，便迅速招募了不同专业背景的创业伙伴，确保在项目每个环节都有专业人员，并确保项目符合市场需求。他们实地走访了三省十六市，为各地的传统非遗文化制订了针对性的传承保护方案。团队还与多家民俗馆、文化馆、博物馆达成了合作意向，邀请业界艺术文化人士、非遗传承人等加入民俗保护计划，开创了非遗周边文创产品，成立了线上数字非遗档案库。最终，形成了一套完整成熟的体系与运营方式。

"耳畔乡音"本身有一定的公益性与创新性，但需要整合相关资源维持项目的基本运转，特别是文化类创业项目更需要外力的支持。虽然整个过程中经常遇到困难和挫折，但团队成员依旧对未来充满信心："我们的非遗保护与传承是落在实地、充满生机、历久弥新的，相信通过我们的努力，一定会吸引更多有识之士和资源加入。"

团队的指导老师刘乃超表示，希望通过探索创业项目，缓解学生们的就业压力，使学生拓展人脉，更好地接触社会，有利于学生实现自身价值。同时，参加各种创新创业大赛还能促进专业学习，可以将兴趣、专业与职业相融合，提高大学生的综合素质。

自2019年设立至今，"耳畔乡音"已经获得山东省第六届科技创新大赛一等奖、第七届山东省大学生"互联网+"创新创业大赛铜奖、山东省第七届科技创新大赛三等奖、第十二届"挑战杯"山东省大学生创业计划竞赛铜奖、山东团省委爱我山东短视频大赛金奖等诸多荣誉。目前，团队已经运用理论成果走访了两省六市，对王皮戏、花棍鼓舞、五音戏等多个非遗项目进行了保护和推广。

（资料来源：林钟毓，解丛熙.耳畔乡音：让民俗遗产鲜活起来[J].中国商人杂志，2021-12.）

思考： 结合上述案例，谈一谈大学生参加双创比赛的意义是什么？怎样才能在比赛中取得优异的成绩？

任务一　认识大学生创新创业大赛

一、大学生参加创新创业大赛的意义

（1）激发学习兴趣，培养创新及科学探索精神。开展创新创业活动需要具备创新思维，并且在创业前需要做大量的市场调研、理性判断及综合分析，才能找到最适合自己的创业项目。创新创业大赛以赛促学，大学生能够体验到求知的乐趣，大胆创新与实践，并提高综合素质。

（2）锤炼意志品质，增强团队合作意识。要想在竞争激烈的比赛中取得好成绩，首先团队成员在压力和困难面前要有坚韧不拔的毅力，通过重重考验后才能脱颖而出。其次，创新创业大赛一般是以团队形式参赛，通过参赛，大学生能够树立集体观念，提高沟通能力和协作意识，与来自不同专业背景的成员相互学习，取长补短。

（3）分散就业压力。参加创新创业比赛有利于进一步深化创业实践，一方面可以催生一大批新兴产业；另一方面也可以有效地解决部分就业问题，为社会创造出人才需求缺口，是未雨绸缪缓解社会就业问题的好方法。

（4）坚定理想信念，厚植爱国情怀。参加创新创业大赛所准备的项目材料里会涉及项目背景。项目背景来自对国家政策的了解，对行业发展前景的调查，对国家关于乡村振兴、精准扶贫、新旧动能转换、健康养老、美丽中国建设等政策的研究。从国家、社会和人民群众的需求中设计创业项目，能够大大提高项目的层次和影响力。从这个层面讲，参加创新创业大赛有助于大学生了解国情，让爱国主义精神在学生心中牢牢扎根，教育引导学生热爱和拥护中国共产党，立志听党话、跟党走，立志扎根人民、奉献国家。

二、常见的大学生创新创业大赛

（一）中国国际"互联网+"大学生创新创业大赛

该大赛是由教育部与政府、各高校共同主办，覆盖全国所有高校、面向全体高校学生、影响巨大的赛事活动之一。该比赛对激发大学生的创造力、培养并造就"大众创业、万众创新"的生力军具有极大的推动作用。

1. 主办单位

大赛由教育部、中央统战部、中央网络安全和信息化委员会办公室、国家发展改革委、工业和信息化部、人力资源社会保障部、农业农村部、中国科学院、中国工程院、国家知识产权局、国家乡村振兴局、共青团中央和各省政府主办，各地方政府及高校承办。

2. 大赛主题和总体目标

大赛主题：我敢闯，我会创。

总体目标：更中国、更国际、更教育、更全面、更创新、更协同，落实立德树人根本任务，传承和弘扬红色基因，聚焦"五育"融合创新创业教育实践，开启创新创业教育改革新征程，激发青年学生创新创业热情，打造共建共享、融通中外的国际创新创业盛会，让青春在全面建设社会主义现代化国家的火热实践中绽放绚丽之花。

码上学习——"数字化声音年鉴"项目介绍

3. 参赛组别及类别

大赛分为高教主赛道、"青年红色筑梦之旅"赛道、职教赛道、萌芽赛道、产业命题赛道。

（二）"挑战杯"全国大学生系列科技学术竞赛

挑战杯是"挑战杯"全国大学生系列科技学术竞赛的简称，是全国性的大学生课外学术实践竞赛。"挑战杯"竞赛在中国共有两个并列项目，一个是"挑战杯"中国大学生创业计划竞赛（简称"小挑"）；另一个是"挑战杯"全国大学生课外学术科技作品竞赛（简称"大挑"）。这两个项目的全国竞赛交叉轮流开展，每个项目每两年举办一届。"挑战杯"系列竞赛被誉为中国大学生科技创新创业的"奥林匹克"盛会，是国内大学生最关注最热门的全国性竞赛，也是全国最具代表性、权威性、示范性、导向性的大学生竞赛。

1. 主办单位

该竞赛由共青团中央、中国科协、教育部和全国学联、举办地人民政府共同主办。

2. "挑战杯"全国大学生课外学术科技作品竞赛参赛项目类型及类别

（1）主体赛事。大赛主体赛事为学生课外学术科技作品竞赛，参赛作品按自然科学类学术论文、哲学社会科学类社会调查报告和学术论文、科技发明制作三大类进行申报。

（2）专项赛事、活动。包括"揭榜挂帅"专项赛道、红色专项活动、黑科技展示活动。

3. "挑战杯"全国大学生创业计划竞赛参赛组别

全日制在校专科生、本科生、硕士研究生可以报名参加。大赛聚焦创新、协调、绿色、开放、共享五大发展理念，设置五个组别，分别是：科技创新与未来产业、乡村振兴与农业农村现代化、社会治理和公共服务、生态环保和可持续发展、文化创意和区域合作。

创业导师点拨

创新创业的赛事是基于对学生创新创业思维的培养打造的大学生赛事,而归结于创业本身,其实没有标准答案,需要我们坚持实践是检验真理的唯一标准,从实践中来,到实践中去。创新创业是一门实践学科,要求大学生都去参加创业实践,并带着实战问题来学习,因此在本课中我们会更多运用案例学习法;更为重要的是,可以从赛事的分析中看出团队协作能力的重要性。在实践创新的过程中要关注小组的协作,从取名到分工,都要满足创新的基本要求,遵循事物发展的规律,从而使其得以更新与发展。

实践课堂

以小组为单位,通过网络或者师生访谈的形式,调研你们可以参加的大学生创新创业竞赛,可以是校级、市级、省级或者国家级别的。查找这些竞赛的内容、时间安排等情况,填写下列表格,并从中选择适合你的比赛,进行深入的了解和准备。

1. 填写创新创业竞赛一览表。

竞赛名称	举办单位	时间安排	竞赛内容

2. 明确你们可以参加的双创竞赛，并回答以下问题。

（1）本小组参赛项目名称：

（2）本小组参赛的优势：

（3）本小组想要达成的参赛目标：

任务二　商业计划书的撰写

一、商业计划书的概念

商业计划书又称创业计划书，是指创业者就某一具有市场前景的新产品或服务向风险投资者进行游说，以取得风险投资的商业可行性报告。通常来说，每个风险投资管理机构都会对创业者的创业计划书进行仔细研究、分析，然后判断该企业是否值得投资。此外，商业计划书也是创业者或创业团队仔细梳理创业思路的过程，有助于创业者系统地考虑创业活动的各个方面。在撰写商业计划书的过程中，创业者可以针对可能存在的创业风险，制定有效对策；可以进一步发现并分析商机，寻求取得成功的最佳途径；也可以更加仔细地考量自己的合伙人，努力打造一个高效的创业团队；还可以提前规划未来的财务安排，合理利用有限的资源等。因此商业计划书是创业者打开创业之门的钥匙。

7.1 为什么要写商业计划书？

二、商业计划书的基本结构

（一）封面

封面一般应包含以下内容：团队/企业名称、项目名称、项目类型、团队负责人及联系方式等。

7.2 如何撰写商业计划书？

（二）目录

目录是正文的索引，需要按照章节顺序逐一排列每章大标题、每节小标题，以及各章节对应的页码。商业计划书定稿后，要注意确认目录页码与内容的一致性。

（三）正文

整个商业计划书正文部分（不算附录）建议 20~30 页，主要有以下两部分。

1. 摘要

摘要是企业的基本情况、竞争能力、市场地位、营销战略、管理策略，以及创业项目的投资前景及风险预测等方面的综合概述。它是整个计划书的精华和亮点。摘要通常在计划书的主体完成后再进行编写，力求简短精练，1~2 页即可。

2. 主体

主体的内容包括项目概述、产品（服务）介绍、市场分析、人员及组织结构、市场预测、营销策略、生产运营计划、财务计划及融资、风险应对及资本退出方式等。

(四)附录

附录是对正文关键部分的描述提供证据性的补充,主要有合同、财务报表、荣誉证书、专利证书、软件著作权、核心团队成员的履历、调查问卷、产品说明书、技术原理、主要创业者简历、授权等。

三、商业计划书的主体内容

(一)项目概述

项目概述就是用精练的语句阐明项目是做什么,主要包括:项目名称、项目主要业务、为哪类客户提供什么样的服务、团队成员组成、现在已达成的成果(成交额、带动就业人数、专利数等)、近期目标和长期目标。参考模板如下:

我们的项目是_____,旨在为_____(用户或客户)提供_____(差异化的产品或服务),解决_____(市场需求以及痛点),实现_____价值。经过前期调研,已进入_____(测试、试运行、运营等当下项目状态,是否工商注册),已经拥有的可以支持解决方案的核心技术和资源有_____和_____(用事实、数据说话),现阶段的成果有_____(现金收入、积累的用户、产品成熟度、服务以及市场占有)等。

(二)产品或服务介绍

在进行投资项目评估时,投资者/专家评委最关心的问题之一就是,你们企业的产品或服务能解决市场的什么痛点,新的产品或服务解决了消费者的何种需求,或者填补了哪一分市场的空缺,突出产品或服务的特色。如果开展的是一项服务的话,可以陈述服务的流程;如果是科技类创业,应当向投资者介绍新技术能如何解决市场上存在的问题,带来何种便利。在描述过程中要准确、详细且通俗易懂,避免使用过于专业的术语,最好附上产品原型、照片或其他相关资料。

(三)市场分析

市场分析主要从市场现状、竞品分析、用户调研等方面撰写。
(1)市场现状是指主要评估过去几年的市场容量以及未来几年的发展趋势。
(2)竞品分析是指选取市场上3~5个具有代表性品牌的产品(服务),分别从价格、外观、功效、安全等方面进行比较。要注意,评价的时候要客观,不要太牵强。
(3)用户调研主要是设计一份用户调研问卷,证明大家对你的产品很感兴趣,上市后会购买。有效问卷在1000份以上看起来才会比较像样,当然越多越有说服力。

(四)人员及组织结构

企业管理得好坏直接决定了企业经营风险的大小,高素质的管理人员和良好的组织结构是管理好企业的重要保证。因此，很多投资者/专家评委会重点评估创业团队的情况。

（1）核心成员情况。包括人员组成（详细经历及背景）、人员专长（所具有的能力）、分工（所担任的职务）、股份比例等。

（2）创业企业组织结构及人力资源配置。包括组织结构图、各部门的功能与职责、各部门的负责人及主要成员等。注意团队要有合理分工，优势互补。

（五）市场预测

在商业计划书中，市场预测部分应包括以下内容：市场现状综述、市场需求预测、竞争厂商概况、目标顾客和目标市场、本企业产品的市场地位等。在阐述市场预测结果时，创业者应着重阐述市场需求预测和市场竞争预测。首先，应对产品需求或服务需求进行预测；其次，应对市场竞争的情况进行预测。

（六）营销策略

营销策略应包括市场机构和营销渠道的选择、营销队伍和管理、促销计划和广告策略、价格决策。对创业企业来说，由于产品和企业的知名度低，很难进入其他企业已经稳定的销售渠道。因此，企业不得不暂时采取高成本低效益的营销战略，如上门推销、大打商品广告、向批发商和零售商让利，或交给任何愿意经销的企业销售。

（七）生产运营计划

生产运营是一个选择厂址、购买原材料、组织生产产品或提供个人服务的过程。对于工业类企业而言，生产运营计划应当包括的具体内容有厂址选择、工艺流程、设备引进、生产周期标准和生产作业计划的编制、物料需求计划及其保障措施、劳动力供求、库存管理以及质量控制方法等。创意服务类企业相较于产品类企业，其运营成本低，在创业计划书中可以强调创意本身、阐明自己的优势、员工的特点等。无论是工业类还是创意类产品，在创业计划书中撰写生产运营计划这部分内容时，都应该从以下几个方面思考：新产品或服务的成本结构是什么样的？如何保证产品或服务的质量？如何保证原材料或物料的供应？

（八）财务计划及融资

（1）财务计划是针对创业项目的发展制定的一套可靠、全面的财务规划，以反映企业预期的财务业绩。一份详尽、周全的财务计划对创业者而言尤为重要。如果财务计划准备得不好，会给投资者/专家评委留下缺乏经验的印象，可能会降低对初创企业的估值，同时也会增加初创企业的经营风险。这一部分主要包括资产负债表、利润表、现金流量表和盈亏点分析。此外，一些具体的财务数据信息也非常重要，如销售收入、销售成本、管理费用、销售费用、应收账款、应付账款、存货周转和资产利用率等。

（2）融资部分一般要交代清楚融资金额、融资方式、融资资金用途等。介绍目前的股权结构，需要多少钱，会出让多少股权，后续对这些资金的安排（各项资金使用比例）。这部分还要和市场分析、发展规划、财务预测对应上，融资金额要合理，不能拍脑袋，或者虚报数据。

（九）风险应对及资本退出方式

创业者在创业开始阶段必须对承担的风险和可能获得的利益进行评估。风险种类包括技术风险、市场风险、财务风险、管理风险、行业风险等。风险应对是创业者在风险评估的基础上，选择最佳的风险管理技术，采取及时有效的方法进行防范和控制，用最经济合理的方法来综合处理风险，以实现最大安全保障的一种科学管理方法。

投资者都对风险收益格外关心。在撰写创业计划书的时候，创业者应该提供资本退出的方案。也就是说，创业者需要呈现给投资者在什么时候他们的投资将退出，并且届时能够获得的回报。资本退出的形式有：首次公开上市（IPO）退出、并购退出、回购退出和清算退出。

创业导师点拨

在撰写商业计划书的时候要注意以下几个问题。

（1）投资人/专家评委更倾向于看数字和图表，因此要做到数字、图表清晰明了，并要确保数据的真实性。

（2）可以借鉴优秀商业计划书的模板，但要突出项目本身的特色和创新点，避免生搬硬套。

（3）商业计划书内容结构要完整，前后内容衔接得当，表述要条理清晰、简明扼要，不要使用过多的专业术语，语言力求通俗易懂。

启智润心

撰写商业计划书不是一蹴而就的事情，我们可以把撰写商业计划书的经历当作一场创新设计思维演练。不要把创意仅停留在思考上，要及时付诸行动、勇于实践。每一次商业模式的梳理，都是一次迭代。在商业模式的探索中，不断地尝试、不断地验证、不断地完善，商业计划书会随着产品、企业的成熟而成熟，从文字变成计划、从思考变成思想。启用团队中多元化成员的智慧，发挥各自所长，把众人的创意和分析、实践和感悟提炼为企业下一步运作的参考。抱有这样心态的创业者，会在创业的道路上内心稳健、思路清晰、目标明确、不急不躁，将实际的迭代凝练成文字。创业者的成长和蜕变，就会在一次次的迭代中展现在每个版本的商业计划书中。

实践课堂

以团队为单位,基于你们的创业项目,撰写商业计划书。

1. 借鉴优秀的商业计划书模板和双创大赛获奖作品,团队共同讨论并确定商业计划书的框架。

2. 由团队负责人分配撰写任务,每个成员编写商业计划书的一部分或者几部分,最后由团队负责人统稿并修改。

码上学习——
商业计划书模板1

码上学习——
商业计划书模板2

任务三　创业项目的路演及答辩

7.3 路演答辩环节如何避"坑"?

学习加油站

一、路演概述

如果你的创业计划书引起了一位投资人或银行家的兴趣，或者需要与其他竞争者竞争商业机会，通常需要你对创业机会进行口头介绍。对大学生创业者来说，无论是参加各类创业大赛，还是项目具备潜在融资的可能性，都需要公开对创业计划书进行展示和演讲，这类活动又称路演。

路演原指一切在马路上进行的演示活动。它是向他人推介创意、想法、观点的主要表达形式。公司或创业者为获取融资经常使用演示这种表达方式向投资者进行推介和沟通。路演是一种推介方式，也是一种宣传手段。它的作用在于传播信息，激发投资人兴趣、进而说服投资人进行投资。由于商业计划演示能在较短时间内传递大量信息，目前其已成为创业者用来与风险投资者交流的主要工具。如何做好创业路演，是每一位创业者都应该关注的问题。一次成功的路演能极大地提高投资对接成功的概率。

二、路演前需要完成的准备工作

有些创业者认为，路演就是向投资人/评委复述一下创业计划书里的内容就可以了；只要自己对项目了如指掌，路演肯定没问题。事实上，很多创业者没有做好充分的思想准备，把路演想得太简单了，没有梳理好路演稿的逻辑，导致在规定的时间没有把项目讲清楚，项目的特色和价值没有凸显出来，最终与机会擦肩而过。所以路演前的准备工作是必不可少的，下面介绍路演前需要做的准备工作。

（1）搜集相关信息。进行演讲之前，需要尽可能搜集详细的信息，做好充足的准备。一般来说，演讲对象主要为投资人/评委，尤其是大学生创业者路演常常面对的是各类创业大赛的专家评委。主动搜集投资人/评委的信息有的放矢地根据听众调整演讲台词，更容易赢得对方的共鸣。

（2）根据路演的时长、场地要求进行设计规划。一般来说，路演既有时间较短的电梯路演，也有时间较长的深度路演。演讲的第一条注意事项就是严格控制时间。如果投资人告诉你拥有 1 小时发言时间，但最后半小时是用来接受提问的，你就必须在 30 分钟内结束演讲，不能延时。着装要得体，正常情况下，身着正装而不应随意穿戴。演讲开始前，要尽可能多地了解场地的情况。如果你要在一个小会议厅里演讲，通常不需要做过多的调整，但如果你要置身于一个较大的舞台，面对更多的观众，如"互联网+"创新创业大赛的决赛现场，你就需要扩大幻灯片字体，或设计更新颖的方法，向更多的观众演示。

（3）确定路演主讲人。如果是单独创业，很显然演讲将由创业者独自完成。如果是团队创业，就必须决定到底谁担任主讲。一般来说，主讲人的优先级是创始人—联合创始人—其他核心成员。

（4）制作路演PPT。一份图文并茂、文字精练的PPT，可以为创业者提示思路，让投资者/评委抓住项目重点。路演PPT往往是创业计划书的精华概括，要能配合路演人的讲解让投资者/评委迅速得到项目亮点，给投资者/评委留下深刻印象。

课堂讨论

网评PPT和路演PPT是一样的吗？

码上学习——
网评PPT和路演PPT有什么不同？

路演PPT在设计上有以下几个注意事项：① PPT的版式设计、色彩风格要统一。一般来说，色彩不要超过4种，字体运用不超过3种。②能用图就尽量不用文字，切忌堆砌过多文字。路演更注重的是演讲，如果PPT内容太多，一是显得不够美观，二是会分散投资者/评委的注意力，使得路演效果大打折扣。③在话题承接的地方，可以使用过渡页或问句引入下一个话题，以吸引投资者的注意。

路演PPT在内容上不求全面，但逻辑必须清晰，体现专业、精练。展示的一定是项目最核心的内容，并配上精美的排版设计，给路演人的路演充当最给力的助攻。页数建议在20页以内。路演PPT可以分为三大部分来制作：封面、核心内容、结尾。核心内容可以围绕以下五个问题来设计：What、Why now、How、Who、How much。路演PPT各部分的制作要点见表7-1。

表7-1 路演PPT各部分的制作要点

PPT的内容构成	制作篇幅	PPT制作要点
封面	用1张PPT进行团队自我介绍	包括公司名称/标志、创始人姓名、创始人联系方式等内容，目的在于让投资者知道你是谁、做什么项目以及如何联系你
What（做什么）	用2~3张PPT讲清楚你要做什么	一般这是路演PPT中最重要的部分。注意围绕"问题痛点——解决方案——数据验证"的思路，简明扼要阐述项目精华之所在。这几张幻灯片的目的就是让投资人对项目感兴趣，争取更多展示的机会

续表

PPT 的内容构成	制 作 篇 幅	PPT 制作要点
Why now（行业背景和市场现状）	用 3~5 张 PPT 讲清楚行业背景、市场发展趋势、市场空间	要说明是在正确的时间做正确的事，而且市场空间大。值得注意的是，市场大不代表做的事情有需求，要描述在目前的市场背景下项目抓住了一个用户的痛点，或者项目可以为用户带来具有更高性价比的产品或服务。要尽量列出与竞争对手的对比分析，表明当前的商业机会
How（如何做）	用 5~8 张 PPT 讲清楚实现商业模式的具体方案、包括产品的研发、生产、市场、销售策略等	主要描述这个项目是如何实施的，以及最终达成的效果。重点表明产品规划和创业步伐是在小步快走，不断进行阶段性验证，及时调整产品思路和商业模式
Who（谁在做）	用 2~3 张 PPT 讲清楚团队的股份和分工，需要介绍团队主要成员的背景和特长	强调每个人的能力适合其职能岗位，另用 1~2 张幻灯片讲清楚项目和团队的优势。让投资人相信团队的组合适合该创业项目，回答好"为什么你们能做成功？"这个问题
How much（需要多少资金）	用 2~3 张 PPT 讲清楚财务情况，以及之后 3 年的财务预测	做好财务预测与融资计划。列清楚项目各阶段的目标、为达成这些目标需要多少钱以及需要钱的依据。要说清楚：为了融资，出让的股份比例如何、项目的估值及依据
结尾	用 1 张 PPT 作为结束页，进行总结、致谢	向听众表示感谢。用一两句话做总结：为什么这是一个好项目？我们从中得到什么，如何使其更好

（5）反复练习，熟能生巧。绝大多数人不是天生的演讲高手，关键在于是否用心地练习和琢磨。好的路演一定是练习至少几十遍甚至上百遍，直到熟悉且找到最佳状态为止。演讲人对路演的演讲稿必须熟记于心，做到脱口而出。要注意以下事项。

① 初期先熟悉文字稿几遍，对文字进行反复斟酌和润色。

② PPT 翻页配合和文字稿演讲一起练（翻页和演讲一定要连贯，切忌停），逐步加入肢体语言，塑造良好台风。

③ 站立，按照演讲时状态来（一个人进行）。

④ 当着团队和指导老师，重复练习，以便掌控好演讲时间并收集反馈的意见加以改进。

⑤ 演练过程中不断对演讲文字稿和 PPT 进行更高要求的打磨，做到长话短说、深入浅出。

⑥ 路演前有条件最好进行现场勘查，并进行材料的拷贝与测试、模拟路演全流程、开场环节演练，减少突发问题出现的概率。

创业导师点拨

互联网上有许多创业路演的资源，如创新创业大赛获奖项目的成果展示以及路演现场的直播或视频，大学生创业者可以借鉴优秀团队的作品，多学习、多反思、多总结，不断提高路演水平，增加成功的胜算。机会只会留给有准备的人，有付出才能有回报。

三、路演的技巧

（一）技巧1：把握时间进度，不快不慢

（1）重要内容优先。先讲重要内容，即使时间来不及，负面影响也被大大缩小。

（2）控制语速，给自己留有时间余地。讲太快，评委来不及看清项目，容易导致无话题交流，双方陷入答辩尴尬境地；反之，讲太慢，容易导致超时被提示、直接关掉PPT演示或者扣分。如果说项目展示时间为5分钟，那么最好4分50秒讲完内容，留有余地缓冲，可进可退。

（二）技巧2：突出重点内容，切莫平均讲述

（1）讲的时候不要把时间平均分配，以免造成重点、亮点不突出，整个陈述平淡无奇。陈述过程中，声音与情绪应当有高有低。重点、亮点、优点内容讲清楚、详细，没特色的可以略过，甚至不讲，否则加分不成反而减分，得不偿失。

（2）不要一心只想将PPT讲完，否则会陷入陷阱。路演时，越想讲完PPT，越容易赶进度、搞平均。PPT如果讲述过快，极易使评委听不出项目特色，从而使自己吃亏。

（三）技巧3：适当回头看PPT，与评委眼神交流

（1）完全不看PPT，那PPT形如虚设，讲的内容难以与PPT对上号；而完全看PPT，无异于照本宣科，也不可取。适当回头看PPT，一显得真实，二控制进度，三防止忘词。

（2）路演时，切勿自言自语、目中无人。一边回头看PPT，一边与评委进行眼神交流，可以彰显对评委的尊重，展示自己的自信。在讲不同内容时，对视不同评委，显得雨露均沾。

（四）技巧4：声音控好，避免过高或过低

带麦讲话，容易大声、刺耳，给评委不好的听觉效果。所以，注意控制话筒距离，确保声音适中。

四、答辩如何避"坑"

（1）被问不懂，如何化解？遇到不懂的问题常有之，不要直接回答不懂、不知道、没想过之类的话。可以试着回答：感谢评委老师，您提的问题一针见血，这个问题一直困扰着我们，我们也曾经尝试过解决办法，但效果不佳，也一直在寻找这个问题的解决办法，希望台下能向评委老师请教。

7.4 怎样做好创业项目的路演？

（2）与评委观点相左，如何避开争执？有的评委提出看法与建议，但你不认同。此时切记，不要直接反驳或质疑，可以先肯定评委的提议，继而说出自己的方案，温和有力，最后再感谢评委的宝贵建议。

（3）切莫答非所问、混淆视听。选手答非所问的本质原因就是不会回答，所以会顾左右而言他。然而，现在这样做，一般评委都会追问：同学，请你直接回答我的问题，谢谢！这还得回来直面问题，而且徒增不好印象，得不偿失。

（4）忌讳这些用词。回答问题时，忌讳用应该、也许、大概、可能等一些不确定用语，更不要说不文雅的语言。答辩结束，向各位评委老师鞠躬离场。

（5）团队如何配合默契，协作回答？路演一个人，而答辩可以多人协作，一般不建议超过3个人。答辩前须确定一个主答辩人，大家遇到不会的问题，都由主答辩人解决，其最后压轴，确保评委老师提问的每个问题都可以回答。其余答辩人如果遇到自己擅长的、有把握的，则抢先回答，"感谢评委老师的提问，这个问题由我来回答……"如果3~5秒内，仍旧无人回答，则主答辩人需要顶上进行回答。所以，成员要不要主动回答，以及主答辩人是否压轴回答，均需要在3~5秒内作出回应。

（6）回答问题言简意赅、突出重点，切勿长篇大论。很多人回答问题时过于啰唆，铺垫太多，进入正题慢，浪费了短暂而又宝贵的答辩时间，导致其他评委想提问、想交流，但由于时间不够而无法进一步了解。答辩时要突出数据、关键点。同时，遇到专业术语时，尽量转化为通俗语言，使项目更易懂。

码上学习——
路演答辩高频问题合集及回答技巧

✓ 实践课堂

一、模拟路演

参考优秀参赛案例，掌握路演的技巧，撰写800~1000字的创业项目路演稿，并进行5分钟路演。

码上学习——
"耳畔乡音——民俗遗产保护计划"项目路演稿

码上学习——
优秀案例：老巷项目路演稿

路 演 稿

二、模拟答辩，进行情景提问

项目组自行模拟路演中答辩场景，由团队其他成员对答辩人进行提问，考察答辩人对项目的熟练程度与即时反应能力。

问题 1：_____

回答：_____

_____
_____
_____
_____
_____
_____

问题 2：_____

回答：_____

_____
_____
_____
_____
_____
_____

问题 3：_____

回答：_____

_____
_____
_____
_____
_____
_____

问题 4：_____

回答：_____

_____
_____
_____
_____
_____
_____

项目七考核评价

评价阶段	评价内容	分值	学生自评	小组互评	教师评价	平台数据	备注
课前探究	微课视频完成度	10					
	即练即测	10					
课中实训	任务1实训完成情况	20					
	任务2实训完成情况	20					
	任务3实训完成情况	20					
课后拓展	码上学习完成度	10					
	巩固提升	10					
项目七总评得分			学生签名				

注：1. 平台数据完成的打"√"，未完成的打"×"。

2. 项目评价分值仅供参考，教师可以根据实际情况进行调整。在本项目完成之后，采用过程性评价与结果性评价相结合，综合运用自我评价、小组评价和教师评价3种方式，由教师确定3种评价方式分别占总成绩的权重，计算出学生在本项目的考核评价的最终得分。

课后思考题

1. 商业计划书的基本结构包含几个部分？主体内容包括哪些方面的内容？
2. 路演前需要做好哪些准备工作？
3. 答辩环节如何能够得到高分？

书香致远

1. 吕森林. 创业从一份商业计划书开始 [M]. 北京：电子工业出版社，2019.
2. 韩树杰. 创业地图：商业计划书与创业行动指南 [M]. 北京：机械工业出版社，2020.
3. 王静，张超，刘子睿. 创业策划及路演实训 [M]. 北京：电子工业出版社，2020.
4. 钟之静."互联网+"大学生创新创业大赛蓝宝书 [M]. 广州：暨南大学出版社，2020.
5. 赵正文. 俯拾仰取——"互联网+"大学生创新创业大赛优质项目成果集锦 [M]. 成都：四川大学出版社，2021.

复盘反思

哪些内容让你印象深刻?	你获得了哪些方法和能力?
学习中的困惑有哪些?	接下来你可以采取哪些行动提升?

项目八
开业大吉——新创企业的开办与管理

项目导入

创业者在组建了团队、选定了创业项目、明确了商业模式和创业计划，并筹集到足够的资金后，就可以创立一个新的企业了。俗话说，创业容易守业难。创办一家创业，需要筹划开办前各项工作，并且办理工商注册等手续，需要花费很多的时间和精力。但相对来说，守业更难，也就是新创企业的管理很难。企业经营管理方面的工作往往千头万绪，大学生创业者多数没有创业经验，难免会感觉到手忙脚乱。此外，生产及需求的变化、管理不善、市场竞争、突如其来的事件发生等各种风险会接踵而至，给创业者带来巨大挑战，如有不慎，可能导致创业失败。因此，创业者除了要有敏锐的商业嗅觉、创新能力外，还要有较强的管理能力，这样才能使企业正常运转，早日实现盈利。

本项目将介绍新创企业开办前的准备、开办企业的流程，并从营销、人力资源管理、财务等方面介绍如何管理新创企业，防范、应对创业风险。

学习目标

知识目标：

1. 掌握新创企业的组织形式、选址策略；
2. 熟悉开办企业的流程；
3. 掌握开办企业的相关法律；
4. 了解新创企业管理的相关知识；
5. 掌握创业风险的类型及应对方法。

能力目标：

1. 能够根据实际情况，为新创企业选择合适的企业组织形式及合适的经营场所；
2. 能够根据企业的实际经营情况，制定营销、人力资源管理及财务管理制度；
3. 能够根据企业的实际经营情况，识别创业风险，并提出应对策略。

素质目标：

1. 主动树立法治意识，增强法治观念，自觉学法守法用法；

2. 增强科学的企业管理理念、风险防范意识；
3. 培养创业过程中坚定的意志和吃苦耐劳的精神。

创客先锋

创业路上的"摆渡人"

赵春雨，山东大学博士。学霸光环之下，他还是一位奔跑在创业路上的青年创业者——山东大学创业训练营发起人。2013 年，当时还在山东大学读本科的他跟两位师兄一起，参加了在清华大学举办的英特尔全球商业挑战赛中国赛区的比赛。这是他的第一个创业项目，荣获了特等奖。后来，他跟着团队一起飞去美国硅谷，跟来自全球的优秀创业青年进行路演 PK。这段短暂的美国游学经历坚定了他创业的决心。

2014 年，还没毕业的赵春雨成立了自己的第一家公司——荧火生物，跟山东大学晶体材料研究所的一位教授合作，负责荧光双光子生物探针产品的商业化经营运作。从前期的项目团队搭建，到撰写商业计划书、跑融资路演，他带领团队奋勇前行。真正运作一家公司跟参加学校里的创业社团远不能比，虽然这个项目获得了投资意向，但在实际推进创业过程中，赵春雨明显感觉到在公司内部管理运营、外部与社会公司打交道等方面遇到的阻力。在了解现实与理想的差距之后，赵春雨便逐渐"走出去"，开始学习实打实的企业运营法则。他经手过受风控影响的互联网金融项目，也加入了山大校友发起的百花智谷创客空间，主要负责金融、基金、投资大学生早期、初期项目的孵化、筛选。2017 年，赵春雨与校友成立了山东智谷投资管理有限公司，公司主要帮助中小微企业获得融资上市，目标客户是一些中小微企业。随后，他又依托于山东大学创新创业学院，联合山东大学校友企业家俱乐部，正式成立了山东大学创业训练营，助力更多青年创业者起航圆梦。时至今日，山东大学创业训练营已经开办了五期，学员里不乏可达鸭编程、小睿智洗这样的明星学员。

除了创业，赵春雨还热衷于跑马拉松。他认为，创业和人生都是一场马拉松，成功的道路并不像想象得那么拥挤，因为在人生的马拉松长路上，绝大部分人跑不到一半就主动退下来了；到后来，剩下的少数人不是嫌竞争对手太多，而是发愁怎样找一个同伴陪自己跑下去；能够坚持自我、坚定目标，并且持续为之奋斗的人，往往是能够跑得很远更有建树的人。相信竞技场上的他，会乘着创新的风，在自己热爱的道路上越走越远。

码上学习——
企业家访谈：
赵春雨

（资料来源：林钟毓，范明昱，赵业超.高校双创服务行业的领跑表 [J]. 中国商人，2021-12.）

思考：
1. 如果你打算开办一家企业，你需要做哪些准备工作？
2. 企业在初创阶段可能会遇到哪些问题？如何解决？

任务一　开办企业前的准备

一、选择企业的组织形式

（一）常见的新创企业组织形式

8.1 新创企业组织形式有哪些常见类型？

（1）个体工商户。个体工商户是指有经营能力并依照《个体工商户条例》的规定，经工商行政管理部门登记，从事工商业经营的公民。个体工商户经县级以上工商行政管理机关核准登记，取得营业执照后才可以开始经营。在依法核准登记的范围内个体工商户的正当经营活动受法律保护，对其经营的资产和合法收益，个体工商户享有所有权。

（2）个人独资企业。个人独资企业是指依照《中华人民共和国个人独资企业法》的规定，由一个自然人投资，财产为投资人个人所有，投资人以其个人财产对企业债务承担无限责任的经营实体。个人独资企业与个体工商户都是以个人（或家庭）财产投资，个人承担无限责任，但其所依据的法律不同，其企业特征方面也存在细微的差别。

（3）合伙企业。合伙企业是指两个以上的投资人（包括自然人、法人、其他组织）通过订立合伙协议共同投资设立，合伙人按照企业的性质及合伙协议的约定处理合伙事务、承担企业债务的经营实体。需要注意的是，合伙企业和前两种企业组织形式的一个明显区别是，前两种企业的投资者都是自然人，而合伙企业的投资者可以是自然人，也可以是法人或其他组织。

（4）有限责任公司。有限责任公司是指根据《中华人民共和国公司登记管理条例》的规定登记注册，由50个以下的股东出资设立，每个股东以其所认缴的出资额为限对公司承担有限责任，公司以其全部资产对公司债务承担全部责任的经济组织。有限责任公司（有限公司）是我国企业实行公司制最重要的一种组织形式，是比较适合创业的企业类型，大部分的投融资方案、VIE架构（可变利益实体）等都是基于有限责任公司进行设计的。

8.2 什么是有限责任与无限责任？

课堂讨论

分析以上四种企业组织形式都有哪些利弊。

（二）新创企业选择组织形式时要考虑的因素

8.3 新创企业选择组织形式时要考虑哪些因素？

（1）拟投资的行业。对于一些特殊的行业，法律规定只能采用特殊的组织形式，例如：律师事务所只能采用合伙形式而不能采用公司形式，银行、保险等行业只能采用公司制。因此，根据拟投资的行业选择企业的组织形式是首要考虑的因素。

（2）创业者的风险承担能力。创业者自身的风险承担能力是创业者必须考虑的因素之一，企业组织形式与创业者日后承担的风险息息相关。公司制企业股东仅以出资额为限承担责任，普通合伙制企业投资人、个人独资企业投资人都要承担无限责任。选择后两种企业组织形式，创业者要承担较大风险。

（3）税务因素。不同的企业组织形式所缴纳的税不同：个人独资企业和合伙企业的生产经营所得计征个人所得税；公司制企业既要缴纳企业所得税，又要在向股东分配利润时为股东代扣代缴个人所得税。从税负筹划的角度，选择个人独资企业和合伙企业税负更低。

（4）未来融资需要。如果创业者资金充足，拟投资的事业所需资金需求也不大，采用合伙制和有限责任公司制均可；如果日后发展业务所需资金规模非常大，建议采用股份有限公司组织形式。

（5）关于经营期限的考量。对于个人独资企业，一旦投资人死亡且无继承人或者继承人决定放弃继承，则企业必须解散；合伙企业由合伙人组成，一旦合伙人死亡，除非不断吸收新的合伙人，否则其寿命也是有限的。但公司制企业则不同，除出现法定解散事由或股东决议解散外，原则上公司制企业可以永远存在。

当然，除了上述因素外，还可以从投资权益的自由流通和经营管理需要等多个方面就企业组织形式的优劣进行分析比较，进而选择最合适的组织形式。

创业导师点拨

企业的组织形式并不是固定的，当需要更换形式时，可以通过行政手段进行更改，如非公司可以变更为公司，有限责任公司可以变更为股份有限公司等。创业者不必对组织形式过于纠结，选择适合当下的形式即可。

二、企业选址

（一）企业选址的原则

8.4 新创企业如何选址？

（1）匹配行业定位。企业的定位不同，针对的消费群体就不同，企业应根据自己的目标消费群体考虑地理位置。例如：针对年轻人的企业，应考虑商业街、写字楼聚集的地方，这样才能吸纳更多年轻群体；针对青少年的企业，应考虑中小学、居民社区等附近场所。

（2）依据经营内容。企业销售的产品不同，对企业的地址选择也不同，例如：经营餐饮、副食、日化等的企业应考虑人流量较大的地方，如居民区、社区附近等；经营家居、电器、珠宝等的企业应考虑交通便利的商业区。

（3）遵循价值链环节。企业所处的价值链环节不同，应考虑的地理位置也不同。例如：企业总部、研发中心选址时应考虑政府的政务水平、政策导向等因素；制造型企业选址时应考虑劳动力、能源等成本因素；营销和售后服务企业选址时应考虑消费者的消费水平、市场潜力和行业竞争等因素。

（二）企业选址的要点

（1）方便性。企业的地理位置是否方便，影响着企业员工、消费者、合作伙伴是否能够快速、便捷地到达。

（2）安全性。任何人都希望在一个安全的环境中工作、消费或享受服务，企业选址应考虑到周边环境是否存在安全隐患，避免人身安全受到威胁。

（3）竞争性。创办企业在有竞争的环境中才能更快地获取到同行的经营状况和行业的发展情况，从而快速地调整运营策略。因此，企业选址时要根据实际情况选择一个竞争适中的位置，切忌选择没有竞争或竞争过于激烈的地方。

（4）舒适度。企业所处的办公环境应设施齐全，满足日常办公所需，提高工作效率。

（5）人流量。人流量影响着企业的客源，一般来说，人流量越大，市场需求越旺盛，业务更容易开展，因此很多企业选择人流量较大的地段作为企业经营地址。

（6）租赁价格。创业者应根据企业的定位和自身实力综合考虑。一般商业集中区域的租赁价格较高，偏远的老城区或新开发地区租赁价格会低一些。

启智润心

众创空间"孵"出创业新天地

多数大学生在创业初期，没有足够的资金去租赁到条件优越的办公场所，但是我们可以寻求当地众创空间的支持。众创空间作为针对早期创业的重要服务载体，为创业者提供低成本的工作空间、网络空间、社交空间和资源共享空间，甚至可以为创业团队免费提供创业指导、融投资对接等服务。众创空间的运营模式主要分为两种，一种是纯商业运营模式，另一种是由政府牵头的混合类型运营模式。

大学生在创业前要充分了解当地众创空间运营情况，根据创业者自身特点选择合适的众创空间，并进行申请入驻，只要符合相应条件就可以顺利入驻并实施创业。众创空间可以为创业者寻求相关的资源，对接解决资金、技术、团队、法律等方面问题，为刚起步的事业进行助力。

实践课堂

1. 分析以下四种企业组织形式的优缺点，并选择适合你们项目的企业组织形式。

项　　目	优　　点	缺　　点
个体工商户		
股份有限公司		
合伙企业		
有限责任公司		

结论及理由：_____
_____
_____
_____
_____
_____
_____

2. 企业选址调研。

（1）以小组为单位，各小组选择不同的创业项目，编写调研方案，确定调研内容、调研方法、调研人员及分工等事项。调研内容包括但不限于以下几项。

① 谁是企业的目标客户群体？

② 所选地址的日客流量是多少？

③ 所选地址的房租在什么价位？

④ 所选地址的交通便利吗？

⑤ 所选地区有多少家同行业者？他们的实力和经营状况如何？

⑥ 所选地区具有长远的发展前景吗？（可以从政治、经济、文化、技术等方面进行调研）

（2）实施调研方案。

（3）制订选址方案。

（4）展示并讲解选址方案。

项目八 开业大吉——新创企业的开办与管理

任务二 开办企业的流程

8.5 新创企业的开办流程是什么？

一、"五证合一"工商注册

自 2016 年 10 月 1 日起，"五证合一"在全国全面正式实施。"五证合一"指工商局的营业执照、税务局的税务登记证、质监局的组织机构代码证、社保局的社会保险登记证、统计局的统计登记证合并为一个加载有统一社会信用代码的工商营业执照，实现"一照一码"的最终目的。随着"五证合一"的推行，新办企业的工商注册变得更简单。

（一）企业名称预先核准

首先需要进行企业核名操作。核名时首先要选择企业类型，企业类型包括个人独资企业、合伙企业、有限责任公司、股份有限公司等，然后准备最多 5 个企业名称。到工商局领取《企业名称预先核准申请书》，在其中填写准备申请的企业名称、注册资本、企业类型、住所所在地、委托代理人等信息，由工商局上网检索是否有重名，如果没有重名，便会核发《企业名称预先核准通知书》。

（二）审核领证

办证人通过工商网报系统填写《新设企业五证合一登记申请表》，申请审核通过后前往办证大厅多证合一受理窗口进行办理。"五证合一"的办理流程如图 8-1 所示。

创业导师点拨

进行企业名称核准后，如果办理注册申请的申请人没有厂房或办公室，还需租房。办理租房手续需要签订房屋租赁合同，签订合同后应到税务局办理印花税缴纳手续。

个体工商户办证所需的资料包括从业人员证明、经营场地证明、家庭经营的家庭人员的关系证明，食品、餐饮、特种养殖、烟酒等行业还需要健康证和许可证。

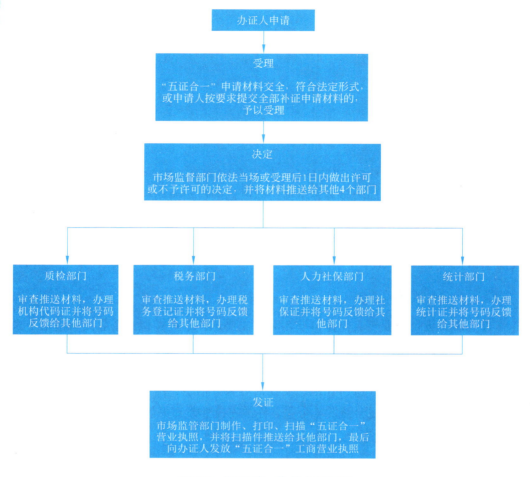

图 8-1 "五证合一"的办理流程

二、刻制印章

印章具有法律效力,不能随意刻制。新创企业申请刻制相应的印章,需持营业执照复印件、法定代表人和经办人身份证复印件各一份,以及由企业出具的刻章证明、法人代表授权委托书,到公安局指定的机构进行刻章。公司常用的印章有以下几种。

(1)公章。公章是公司所有印章的权威,代表公司的最高效力。不管对内、对外它都代表了公司法人的意志,使用公章可以代表公司对外签订合同、收发信函、开具公司证明。

(2)合同专用章。合同专用章是公司对外签订合同时使用的。相关合同的签订在公司经营签约范围内必须盖上合同专用章才能生效,因此,它代表着公司需承受由此产生的权利和义务。

（3）财务专用章。财务专用章的用途比较专业化，一般针对单位会计核算和银行结算业务使用。

（4）法人章。法人章就是公司法定代表人的个人用章，它对外具备一定的法律效力，可以签合同、出示委托书文件等。

（5）发票专用章。发票专用章就是公司在经营活动中购买或开具发票时需加盖的印章。在发票专用章缺少时，可以用财务专用章代替；反之不可行。

三、开立企业银行账户

创业者要创办一家企业，往往需要通过银行进行资金周转和结算，这就不可避免地要和银行打交道，因而创业者要了解如何办理银行开户、销户等手续。

（1）基本存款账户。基本存款账户是企业的主要存款账户，主要用于办理日常转账结算和现金收付，以及存款单位的工资、奖金等现金的支取。该账户的开立需报当地人民银行审批并核发开户许可证，开户许可证正本由存款单位留存，副本交开户行留存。一个企业只能在一家商业银行的一个营业机构开立一个基本存款账户。

（2）一般存款账户。一般存款账户是企业在开立基本存款账户以外的银行开立的账户。该账户只能办理转账结算和现金的缴存，不能办理现金的支取业务。

（3）临时存款账户。临时存款账户是企业的外来临时机构或个体工商户因临时开展经营活动需要开立的账户。该账户可办理转账结算以及符合国家现金管理规定的现金业务。

（4）专用存款账户。专用存款账户是企业因基本建设、更新改造或办理信托、政策性房地产开发、信用卡等特定用途开立的账户。该账户支取现金时，必须报当地人民银行审批。

四、办理税务登记

新企业领取由工商行政管理部门核发的加载了法人和其他组织统一社会信用代码的营业执照（即常说的"五证合一"）后，虽然无须再次进行税务登记、办理税务登记证，但仍需要前往税务机关办理相应的后续事项，才能进行正常缴税。

需特别注意的是，新企业在办完首次涉税业务后，在之后的经营中要特别注意按时、按期、持续申报税费，以免因延误纳税而影响企业的正常经营。

创业导师点拨

各项税收的缴纳时间不同，增值税、消费税的纳税期限分别为1日、3日、5日、10日、15日或1个月；企业所得税按年计算，分月或分季预缴；企业应在月份或季度终了后10日内申报并预缴税款，年度终了后45日内申报，5个月内汇算清缴。有疑问的创业者可拨打12366纳税服务热线或登录国家税务总局12366纳税服务平台进行咨询。

五、开办企业需了解的相关法律

（一）《公司法》

《公司法》是国家为了规范公司的组织和行为，保护公司、股东和债权人的合法权益，维护社会经济秩序，促进社会主义市场经济的发展，而制定的法律法规。《公司法》中所称公司，是指依照本法在中国境内设立的有限责任公司和股份有限公司。《公司法》对公司的设立、组织机构、股权转让、合并、分立、解散等都做了说明，创业者需要仔细了解。

（二）《合伙企业法》

《合伙企业法》是国家为了规范合伙企业的行为，保护合伙企业及其合伙人、债权人的合法权益，维护社会经济秩序，促进社会主义市场经济的发展，而制定的法律法规。《合伙企业法》中所称合伙企业，是指自然人、法人和其他组织依照本法在中国境内设立的普通合伙企业和有限合伙企业。《合伙企业法》对合伙企业的设立、合伙协议、合伙企业财产、合伙企业的事务执行、合伙企业解散、清算等都做了说明，创业者需要仔细了解。

（三）《反不正当竞争法》

《反不正当竞争法》是为了促进社会主义市场经济健康发展，鼓励和保护公平竞争，制止不正当竞争行为，保护经营者和消费者的合法权益制定的法律。《反不正当竞争法》对不正当竞争行为的各项内容都做了说明，创业者需要仔细了解。

（四）《民法典》

《民法典》中涉及合同的相关规定，主要对合同的含义、法律特征、分类、条款、签订、变更和解除等做了说明，创业者需要仔细了解。

码上学习——一元也能开公司？法院：能，但要弄清风险！

（五）《劳动法》

《劳动法》是为了保护劳动者的合法权益，调整劳动关系，建立和维护适应社会主义市场经济的劳动制度，促进经济发展和社会进步，而制定的法律法规。《劳动法》对劳动合同、工作时间和休息休假、工资、劳动安全卫生、职业培训、社会保险和福利、劳动争议等做了说明，创业者需要仔细了解。

 **实践课堂**

填写企业设立流程一览表

如果你打算开办企业,请提前去创业所在地工商部门、税务部门、银行等机构了解开办企业的具体事宜和费用,并填写下列表格。

流　　程		办理部门	注意事项	具体费用	备　　注
"五证合一"工商注册	企业名称预先核准				
	审核领证				
刻制印章					
开立企业银行账户					
办理税务登记					

任务三　新创企业的管理

8.6 创业营销与传统营销的区别是什么？

一、新创企业的营销管理

（一）创业营销的概念与特点

所谓创业营销，就是创业企业家凭借创业精神、创业团队、创业计划和创新成果，获取企业生存发展所必需的各种资源的过程。它实际上是一种崭新的创业模式。

从本质上看，创业营销并不排斥传统营销的基本原理及手段。但是，创业企业通常资源稀缺、资金有限、营销费用预算少，在这种情况下，创业者必须采用更有针对性、更有效的特殊营销手段，接触潜在客户并了解他们的需求。所以，创业营销与传统营销所采用的许多营销手段是相同的，但传统营销与创业营销又有一定的区别，如表8-1所示。

表8-1　传统营销与创业营销的区别

项　　目	传 统 营 销	创 业 营 销
目标	维持发展	生存营销，促进高增长
背景	相对稳定的确定市场	设想中的新兴的、经过细分的市场，带有高度不确定性
营销手段	通过调研，识别并清楚说明顾客需求，最小化营销活动风险	积极主动地通过动态创新激发顾客需求
资源管理	有效利用现有的物质资源和匮乏的智力资源	创造性地使用他人资源；以较少的投入获取较多的产出；活动不受当前资源限制
新产品/新服务开发	有研发部门和其他技术部门支持新产品/新服务开发	顾客是积极的共同创造者，共同议定产品、价格、分销及传播策略

与传统营销相比，创业营销具有以下主要特点。

（1）创业营销的最重要目标是解决创业企业的生存问题。相对于传统的产品营销是为了企业的维持和发展，初创企业的营销行动，则是初创企业能否度过生存期的重要考验之一。新创企业缺乏稳定的经营记录和充分的市场认可度，新创企业与市场中的其他组织如供应商、渠道商等各种机构群体也难以建立稳定的联系。因此，如何通过有效的创业营销获得市场各种机构群体的认同和信任是关系到创业企业生存的重要问题。

（2）新创企业的营销面临严重的资源限制。初创企业缺乏资金、人力、物质、技能等各种资源,这就限制了新企业能够应用的营销策略。在不确定性的市场环境中,创业者所搜集的市场信息也会很快失效。竞争对手突然进入,导致创业营销的推广难度增大。总之,由于新企业的资源限制,创业企业基本上不可能实施与大型企业完全一致的传统营销手段。

(3)创业营销的重点不仅是产品或者服务,创业者(团队)自我营销、创业项目或者创业企业的推广是创业营销的重要内容。他们经常登上路演平台,参加创业圈子活动,或作自我营销,或是推介项目,以说服人才(智力资本拥有者)加入创业团队,或者说服投资者(物力资本拥有者)投入资金等。因此,创业者(团队)需要具备优秀的营销才能。

(二)STP 战略

STP 战略中的 S、T、P 分别是 segmenting、targeting、positioning 三个英文单词的首字母,即市场细分、目标市场和市场定位。

(1)市场细分(market segmentation)。创业者可以根据地理、人口、心理、行为等方面的差异,把某一产品的市场整体划分为若干消费者群体。市场细分可以将巨大、非均匀的市场划分为较小的细分市场,这样就可以用和它们独特需求相匹配的产品更加高效地实现营销。

(2)选择目标市场(market targeting)。创业者要从细分后的市场中选择出最合适的细分市场作为公司的目标市场,一个目标市场包括一系列拥有共同需求和特性并且公司决定为之服务的顾客。目标市场可以根据其范围分为四个层次:大众市场、细分市场、利基市场、本地或个性化市场。

大众市场的目标广泛,范围宽广,企业若将一个产品或服务定位于整个市场,则可以采用无差异营销。本地或个性化市场的目标集中,市场范围非常细小,此时企业可将产品或服务定位于每个特定消费者和地区的品位,因而可以采用本地化和个性化的微观营销。细分市场和利基市场的目标范围介于大众市场和本地或个性化市场之间,此时企业应将产品或服务定位于一些细分市场,采用差异化营销或者集中性营销。

创业者由于面临很大的不确定性和缺乏市场知识,常常很难清晰地界定目标市场的边界。一般来说,创业者要进入的目标市场应当尽可能狭小,这样才有可能集中力量获得利润。利基市场和本地或个性化市场使得较小的公司能够将有限的资源用于服务特定的顾客群,而这些可能对较大的竞争者并不重要。许多公司都是从利基市场开始,在规模大、资源丰富的竞争者面前获得了自己的立足点,然后逐步发展成更强大的竞争者。

(3)建立独特定位(market positioning)。将创业产品或服务定位在目标消费者所偏好的位置上,并通过一系列营销活动向目标消费者传达这一定位信息,求得顾客认同。在决定进入哪个细分市场后,创业者需要决定一个价值主张——如何为细分市场创造具有差异化的价值以及公司想要在细分市场中占据什么位置。在购买决策中，消费者都会对产品、服务和公司在心目中进行分类与定位。产品定位是相对于竞争产品而言的，指消费者对该产品的一套复杂的感知、印象和感觉。市场定位的实质是使本企业与其他企业严格区分开来，使顾客明显感觉和认识这种差异，从而在顾客心目中占有特殊位置。

（三）创业营销策略

（1）网络营销。以互联网为基础，用数字化的信息和网络媒体的交互性来实现营销目标的一种新型的市场营销方式。随着互联网技术和应用的发展，创业者可以利用的网络营销手段和渠道也日新月异。当前可以利用的网络营销渠道包括企业网站搜索引擎、SNS 社交网站、微信、微博、抖音、小红书等，以及知乎、豆瓣、百度贴吧等人群比较聚集的社区平台，或者如今日头条、一点资讯以及各类新闻门户平台（搜狐、网易等）。网络营销方法包括软文营销（常用在微信、微博、论坛等渠道里）、网络广告（比如网站中的横幅广告、文本链接广告、视频广告等）、新闻营销（制造具有新闻价值的事件）、活动营销（策划具有社会影响力的人物或事件）、口碑营销、病毒式营销、饥饿营销、借力营销（傍大品牌、跟随用户、借渠道等）、网络危机公关等。

8.7 新创企业的营销策略有哪些？

码上学习——
蜜雪冰城营销分析

（2）模仿策略。针对市场中的追随者而言，创业者可以通过模仿竞争对手的产品属性，降低研发费用；创业者也可以选择和竞争对手证明有效的类似的广告和推销方式。通过积极模仿早期的进入者，新创企业可以降低与产品和销售有关的成本。

（3）游击营销。创业者没有资源在一个更大范围内打大战役，而是要利用微博的营销预算或零预算"以小博大"，集中力量攻下几个山头。因此，创业者可以先选择一个较狭小的市场进行营销推广，在成本可控的情况下获得一定的现金流，而后用赚取的利润投入进一步的营销活动，这样一步一步地扩大营销活动的范围和力度。

（4）创业者自我营销。包括参加创业竞赛、项目路演、演讲、参与行业研讨会、写文章等，通过多出镜、多互动、多参与来提升自我形象。

（5）利用联系和合作进行市场推广。积极和充分利用个人社会关系和网络资源，寻求与各种机构的联系和合作，提高产品或服务的市场认可度，实现良好的市场推广效果。

二、新创企业的人力资源管理

（一）新创企业的人力资源管理的特点

不同时期人力资源管理的特点和要求见表 8-2。

表 8-2　不同时期人力资源管理的特点和要求

企业生命周期阶段	人力资源管理的特点	人力资源管理的要求
种子期	不存在完全企业意义上的人力资源管理工作； 所有人力资源管理工作都围绕创业者个人的能力与素质来展开	企业要侧重于吸纳合适的合作伙伴，要积极聘用技术专家对企业的生产技术和工艺进行指导
起步期	企业规模较小、正规化程度较低； 企业的人员数量较少； 相应的规章制度还没有建立健全	没有必要设立正式的人力资源管理部门； 选拔和培养核心人才； "人盯人"的人力资源管理策略
成长成熟期	业务的不断增长带来企业规模的扩大和员工数量的增加； 企业内部分工开始细化，管理层次开始裂变； 资金制约转变为人力资源特别是高级管理、营销、财务、金融以及科研人才的制约	构建适应企业发展需要的组织结构； 建立人力资源管理开发系统和规章制度； 培育和发展健康积极的企业文化； 创业者必须尽快完成从创业者到企业家的角色转变

纵观新创企业在不同成长阶段的人力资源管理特点，创业者人力资源管理的核心是要吸引和选拔高绩效员工，以及激励和留住高绩效员工。

（二）招聘和选拔高绩效员工

虽然目前人才市场上求职者的绝对数量从不缺乏，但创业企业要招聘到并留得住合适的人才并非一件容易的事情。因为创业企业市场竞争力不足，招聘费用预算有限，招聘人员不够专业，对人员的要求相对比较灵活，业务也多是短平快，另外在工资待遇等方面往往不能和大中型公司相提并论，员工的归属感较差，所有这些因素都造成创业企业员工流动快的特点。面对这种情况，创业者要想

8.8 新创企业如何招人和留人？

招聘到能用又能留下的员工，必须首先在观念上有所突破，不能囿于传统惯性招聘思维模式。

1. 人才需求分析

人才需求分析是控制人力成本开支的基础，是人力资源管理关键的第一步。创业者要明确合理的企业发展目标和业务计划，然后分析企业中哪些工作可以由现有团队完成，哪些岗位一定要招新人，设置多少人，进而对空缺职位进行职务分析和职位描述。职务分析是指决定该职位在具体知识、技能和能力方面包含的要求是什么；职位描述指总体描述某个职位在职责、责任和工作条件方面包含的内容。创业者最好选择那些知识、技能和能力与工作要求最相匹配的求职者。

2. 选择恰当的招聘渠道

创业企业员工的招聘来源很多，如创业者的社会网络、熟人或员工的推荐、在网上发布招聘广告、拜访大学就业中心、通过投资人或职业猎头推荐等。创业者要根据企业的特性，如企业地理位置、岗位层次、岗位要求、时间要求等合理利用和开发这些渠道。比如：对于基层员工，一般可以选择校园招聘或网上招聘；对于知识型员工和中层管理人员，可以选择内部竞聘或网上招聘；对于公司需要的高级管理和专业技术人才，可以选择一些资质和信誉较好的猎头公司。

3. 选拔高绩效员工的方法

选拔员工的具体方法很多，包括简历筛选、推荐信、传统面试、工作面试、结构化面试、电话面试、技能笔试、性格测试、阅读个人资料、审查全部推荐材料和所有关于过去经验和培训的证明等。

在选拔员工的标准上，创业公司需要的是一专多能的多面手员工，最看重的就是员工的灵活性、创造性、学习能力等，能在创业公司复杂多变的环境中胜任不同工作。另外，新创企业还要考查员工的价值观，是否认可公司的创业理念，是否具备独立负责项目完成任务的可能，是否具有同舟共济、休戚与共的精神和信念，是否对知识和技术有足够的兴趣等。

（三）激励和留住高绩效员工

（1）认同激励。认同激励是各种激励方式中最重要的，因为只有创业者的目标与思路具有一定的信服度，才能得到他人的认同，其创业活动才有一定的号召力和凝聚力。因此，创业者要依靠伟大愿景、崇高信念和个人魅力感动员工，得到员工的内心认可。

（2）报酬激励。报酬激励是指在正确评价员工业绩的基础上，通过报酬的合理化，给员工以适当的激励。制定有效的薪酬体系对激励和留住高绩效员工很重要。员工的薪酬应该与其贡献大小相一致，保证分配公正。

（3）股权激励。股权激励主要是通过附条件给予员工部分股东权益，使其具有主人翁意识，从而与企业形成利益共同体，促进企业与员工共同成长，从而帮助企业实现稳定发展的长期目标。

（4）兴趣激励。兴趣激励就是创业者要为员工寻求工作的内在意义，让其在工作的过程中找到自己感兴趣的事情。

（5）评价激励。评价激励即通过正确地评价员工的能力、努力和绩效，激发员工不甘落后努力进取的意识与行动。

（6）目标激励。设置合理的目标可以调动人们的积极性。当员工想要达到这些看似不可能的目标时，往往就会使出浑身解数，展现出一些非凡的能力。

启智润心

留住人才需要什么样的企业文化？

1. 梦想

汉高祖刘邦得到天下后置酒洛阳南宫，问身边诸人："吾所以有天下者何？项氏所以失天下者何？"高起、王陵答："陛下使人攻城略地，因以与之，与天下同其利；项羽妒贤嫉能，战胜而不予人功，得地而不予人利，此所以失天下也。"

刘邦的手下为什么会死心塌地地跟着刘邦卖命？因为他们知道刘邦会满足他们的需要，刘邦要的是天下，但同时让他的得力干将知道跟着他干是有前途和利益的。一句"陛下使人攻城略地，因以与之，与天下同其利"，道出了管理的真谛。

每个企业都有自己的梦想，梦想变成集团公司、上市公司、百年的企业，梦想为世界带来改变……企业没有梦想的支撑，就容易在前进途中迷失方向。比方向更重要的，是让企业的梦想符合企业和员工共同的利益和共同的愿景。这样才能让员工理解并产生共鸣，并在日常行为中自觉地执行，从而达到企业和个人共同发展的目标。

2. 互助

钓过螃蟹的人或许都知道，篓子中放了一群螃蟹，不必盖上盖子，螃蟹是爬不出去的，因为只要有一只想往上爬，其他螃蟹便会纷纷攀附在它的身上，结果就是把它拉下来，最后没有一只能够爬出去。

螃蟹如此，企业中也会出现类似的状况。如果员工与员工之间、员工与老板之间经常为了各自的利益而相互算计，或明争或暗斗，甚至想尽办法去破坏或打压，久而久之，企业组织里就只剩下一群互相牵制、毫无生产力的螃蟹。

螃蟹效应给企业带来的破坏力是巨大的。为了消除企业中为了各自利益的争斗和内耗，企业应该建立守望相助、团结协作的企业文化，这样才能减少工作中的内耗，大家齐心协力满足客户的要求。一滴水，只有放进大海里才不会干涸；没有互助、各自为战的团队将是一盘散沙。

现代企业的竞争归根结底是人才的竞争。创业企业需要打造凝聚人才的企业文化，构建企业和员工共同的愿景，营造团结互助的企业氛围，在激烈的竞争浪潮中前行。

三、新创企业的财务管理

（一）创业初期的财务管理的特点

（1）资产负债率较低。初创期是企业发展的初始阶段，一方面企业的经营风险是最高的,另一方面要求这一阶段相关的财务风险应尽可能降低。降低财务风险的最有效途径是使用权益资本,减少债务资本。因此,资产负债率在同行业中一般处于相对较低的水平。

(2)现金周期较长。处于初创期的企业,由于刚进入市场,谈判力相对较弱,因此,存货周转天数和应收账款周转天数相对较长,应付账款周转天数相对较短。

(3)利润较少且极不稳定。处于初创期的企业,由于尚未形成核心竞争力,因此,销售收入一般较少且不稳定,毛利率相对较低。另外,由于尚未形成有效的管理制度,各项用度相对较大,因此,利润极不稳定,通常处于亏损状态,销售利润率、资产报酬率、权益报酬率一般处于相对较低的水平。

(4)经营活动和投资活动现金流量均处于流出大于流进的状态。处于初创期的企业,销售收现情况相对较差,而购货却往往需要付现。此外,由于初始投资较大,因此,经营活动和投资活动的现金流量均处于流出大于流进的状态,筹资活动是唯一的现金来源。随着企业经营业务的发展,经营活动产生的现金流量绝对值趋向于零,并会逐渐增加。

(二)做好财务管理的对策

(1)融资方面,应采取内源型融资战略,并充分重视利用风险投资和创新基金等。内源型融资战略的具体措施主要有:减少资金占用,加速资金周转,努力缩短应收账款和存货的周转天数,延长应付账款的周转天数,使现金周期不断缩短;加强内部治理,节约各项用度,不断提升企业的盈利能力;通过制订和利用折旧计划,增加积累,减少税收支出;通过降低利润分配率,进一步保存收益;通过租赁,降低经营风险。

(2)投资方面,应采用集中型投资战略。企业应将人、财、物等有限的资源集中使用在一个特定的市场、产品或者技术上,通过资源在某一领域的高度集中,加大产品宣传力度,提高市场占有率。目的是通过集中现有资源为企业的成长发展进行原始的积累,并逐步形成核心竞争力,在所专注的领域达到高水平的专业化,从而达到增加销售收入等目的,使企业的毛利率、销售利润率、资产报酬率、权益报酬率水平不断进步。

(3)分配方面,应采用低收益分配战略。处于初创期的企业,经营风险高,收益低且不稳定,融资能力差,同时经营活动和投资活动净现金流量一般是负数,需要投资者不断地注进新的资金。因此,在利润分配方面,应采用低收益分配战略,实现的税后利润应尽可能多地保存,以充实资本,为企业的进一步发展奠定物质基础。企业应贯彻先发展后分配的思想,采用剩余股利政策或非现金股利政策。

实践课堂

根据本组的创业项目，填写企业经营思路表。

企业名称	
企业组织形式	
目标客户群体	
提供的产品/服务	
满足客户的需求	
竞争对手（至少3个）	
经营策略	
产品（服务）市场前景预测	
近三年营销管理目标	
近三年人力资源管理目标	
近三年财务管理目标	

任务四　新创企业风险识别及防范

学习加油站

一、创业风险的类型

（1）资金风险。资金风险是指由于各种难以预料或无法控制的因素，创业企业的实际营收小于预期营收的可能性及后果。对创业所需资金估计不足、创业资金筹措不及时、财务结构不合理、融资不当、现金流管理不力等，都可能导致创业企业实际营收不及预期，从而引发一定的资金风险。

8.9 新企业如何应对创业风险？

（2）竞争风险。如果创业企业从事的是一个竞争非常激烈的领域，那么极有可能受到同行的排挤打压。例如，一些实力雄厚的企业为了占领市场，通常会采用低价销售的手段与新创企业竞争。

（3）技术风险。技术风险是指由技术方面的因素及其变化的不确定性所导致的创业失败的可能性。技术研发、技术前景、技术寿命、技术效果和技术成果转化的不确定性等，都可能带来技术风险。

（4）市场风险。市场风险是指由市场情况的不确定性所导致的创业者失败的可能性。市场供给和需求的变化、市场对产品的接受度和接受时间的不确定性、产品价格变化、市场战略失误等都可能给创业活动带来一定的市场风险。

（5）团队风险。一旦创业团队的核心成员在决策或协作问题上产生分歧，企业发展就可能受到严重影响。此外，创业团队在股权、利润分配等相关问题上不能达成一致时，企业也容易受到冲击。

二、创业风险的管理

（一）风险识别

（1）信息收集。信息收集是识别风险的基础，是指通过调查、问讯、现场考察等途径获得基本信息或数据，然后通过敏锐的观察和科学的分析对各类数据及现象做出处理。

（2）因素罗列。因素罗列是指根据收集的信息，罗列企业在运营过程中可能遇到的风险，逐一找出风险因素。

（3）风险分析。风险分析是指通过对信息和风险因素进行分析，确定风险或潜在风险的范围。在分析过程中一定要在信息和风险因素的基础上进行综合分析，而且分析的方式要多样。既要进行定性分析，又要进行定量分析。

（4）重点评估。根据量化结果，进行风险影响评估，预计可能发生的后果，并且做好风险应对计划。

(二) 风险的应对方式

(1) 风险规避。风险规避是常见、有效的应对风险的手段，是指放弃、停止或拒绝进行具有风险的行为，如中止交易、减小交易规模、离开市场、拒绝合作等。但是风险规避同时也放弃了潜在的利益，所以只适用于风险极高而收益不足的情况。

(2) 风险保留。风险保留即在明确风险存在后不加理会，自行承担风险。该方法适用于风险低潜在损失低、潜在收益高或者企业无力应对风险的情况。

(3) 风险转移。风险转移是指企业通过保险、合同、金融工具等方式将商业活动的潜在损失转嫁给另一方或第三方的行为。如购买意外损失保险、在合同中规定对方担责、将风险业务外包等，但是风险转移本身需要企业付出成本。

(4) 控制损失。控制损失是指企业不降低风险发生的概率而是选择降低风险发生后的危害，比如将风险资产与企业割离、设置修理或重建基金等。控制损失通常只在损失幅度大且风险无法避免或转嫁的情况下使用。

(5) 风险利用。风险利用是把风险当作机遇，利用运营中的困难，通过风险战略开拓市场实现更大的战略目的。风险利用是最为积极的风险管理战略，它对于培养经理人风险偏好、建立企业文化有重要的意义。风险利用的方式有配置、多样化、扩张、创造、重新设计、重新组织、价格杠杆、仲裁等。另外，在风险利用策略中通过对风险进行分散、分摊以及对风险损失进行控制，也可化大风险为小风险、变大损失为小损失，实现风险控制的目的。

(三) 各类风险的防范措施

1. 财务风险的防范

(1) 对创业所需资金进行合理估计，避免筹资问题影响企业的健康成长和后续发展。

(2) 为企业建立信用，提高成功筹资的概率。

(3) 正确权衡企业的长远发展和当前利益，设置合理的财务结构，从适当的渠道获得资金。

(4) 妥善管理现金流，避免现金断流，进而造成财务拮据甚至破产清算的局面。

2. 竞争风险的防范

(1) 回归到产品本身，提高产品质量，丰富产品种类。

(2) 关注竞争对手的动向和用户需求，找到竞争对手的弱点，据此找到市场竞争的突破口，进而为用户提供独一无二的产品。

3. 技术风险的防范

(1) 加强技术创新方案的可行论证，减少技术选择与技术开发的盲目性，并通过建立灵敏的信息预警系统，及时预防技术风险。

（2）通过组建技术联合开发体或建立创新联盟等方式，减少技术风险发生的可能性。

（3）高度重视专利申请、技术标准申请等，通过法律手段降低技术风险出现的可能性。

4. 市场风险的防范

（1）以市场为导向，以消费者的需求为出发点，有针对性地组织生产。

（2）时刻关注市场变化，及时规避市场不利因素的影响。

（3）广泛收集市场信息，并加以分析比较，进而制订有效的市场营销策略。

（4）摸清竞争对手的底细，分析其营销思路并找出其弱点，据此调整自己的营销思路，规避市场风险。

（5）对各种成本精打细算，杜绝不必要的开销。

（6）建立销售网络，做好售后服务，赢得消费者的青睐。

5. 团队风险的防范

（1）谨慎选择创业团队成员。

（2）构建团队的共同价值观和愿景，让所有团队成员就"创业使命""共同目标"等关键命题达成共识，并用这些共识去指导团队成员的言行。

（3）制定团队管理制度，规范团队纪律，用良好的制度和纪律来约束团队成员。

启智润心

大学生创业者往往富有激情和想象力，但是也容易忽视风险的存在，因此，在创业之前就应该通盘考虑创业需面对的各种风险。以下建议可以有效地帮助大学生创业者规避创业风险。

（1）树立创业风险意识。作为创业者，应该正确树立识别创业风险的基本理念，具备有备无患的意识、未雨绸缪的观念，并努力提升自己辨识创业风险的能力。

（2）谨慎创业。创业的风险是客观存在、不可避免的，大学生创业者应该谨慎地选择是否创业；在确定创业后要谨慎选择创业的项目，找到既适合自己又符合市场需求的创业项目。

（3）科学管理资金。资金是企业的血液，大学生创业者应该学习金融相关知识，寻找多元化、适合的融资渠道，对资金进行科学的管理和使用，建立健全的、可操作的、合理的财务预算制度和结算制度。

（4）规范企业经营。大学生创业者一定要树立法治意识，增强法治观念，自觉学法守法用法，认真学习相关的法律法规以及行业规则、市场准则，在创业初期进行规范的经营，使企业稳健运行。

（5）积极获取信息。大学生创业者应该积极地了解各方面的信息，包括政策的变化、市场的波动、行业的发展趋势、行业内其他企业的动向等，这些信息可以让大学生创业者全面清楚、广泛地认识行业格局，为判断提供依据。

码上学习——
ofo小黄车的快
速崛起与衰落，
机遇与风险并存

实践课堂

创业项目的风险分析和评估

根据创业风险评估的步骤和应对创业风险的策略，每个小组围绕自己的创业项目进行分析。

1. 对该创业项目的风险进行预测，分析该项目可能面临的创业风险。

2. 评估创业项目可能面对的风险程度，制定应对策略。

项目八考核评价

评价阶段	评价内容	分值	学生自评	小组互评	教师评价	平台数据	备注
课前探究	微课视频完成度	10					
	即练即测	10					
课中实训	任务1实训完成情况	15					
	任务2实训完成情况	15					
	任务3实训完成情况	15					
	任务4实训完成情况	15					
课后拓展	码上学习完成度	10					
	巩固提升	10					
项目八总评得分			学生签名				

注：1. 平台数据完成的打"√"，未完成的打"×"。

2. 项目评价分值仅供参考，教师可以根据实际情况进行调整。在本项目完成之后，采用过程性评价与结果性评价相结合，综合运用自我评价、小组评价和教师评价3种方式，由教师确定3种评价方式分别占总成绩的权重，计算出学生在本项目的考核评价的最终得分。

课后思考题

1. 新创企业通常会选择哪些企业组织形式？这些企业组织形式各有哪些优势和缺点？
2. 请简述注册企业的流程。
3. 新创企业应该如何做好管理？
4. 新创企业应该如何避免及应对风险？

书香致远

1. 韩布伟. 不懂运营你怎么开公司 [M]. 北京：清华大学出版社，2022.
2. 雷军（口述），徐洁云（整理）. 小米创业思考 [M]. 北京：中信出版社，2022.

复盘反思

哪些内容让你印象深刻？	你获得了哪些方法和能力？
学习中的困惑有哪些？	接下来你可以采取哪些行动提升？

参 考 文 献

[1] 王北一. 创新创业理实一体化教程（电子活页式）[M]. 北京：清华大学出版社，2023.
[2] 焦晓波. 大学生创新创业教程 [M]. 北京：人民邮电出版社，2021.
[3] 姚波，吉家文. 大学生创新创业基础 [M]. 北京：人民邮电出版社，2020.
[4] 张敏华，李栋. 大学生创新创业基础（微课版）[M]. 北京：人民邮电出版社，2021.
[5] 王振杰，刘彩琴，刘莲花，等. 大学生创新创业基础 [M]. 北京：高等教育出版社，2018.
[6] 杨雪梅，王文亮. 大学生创新创业教程 [M]. 2版. 北京：清华大学出版社，2021.
[7] 吕爽. 创业行动 [M]. 北京：清华大学出版社，2022.
[8] 孙洪义. 创新创业基础 [M]. 北京：机械工业出版社，2016.
[9] 徐俊祥，徐焕然. 创未来——大学生创业基础技能训练教程（第2版）[M]. 北京：现代教育出版社，2017.
[10] 汤锐华. 大学生创新创业基础 [M]. 2版. 北京：高等教育出版社，2019.
[11] 钱长松. 大学生创新创业指导 [M]. 济南：山东人民出版社，2020.